シリーズ「遺跡を学ぶ」097

北の自然を生きた縄文人

北黄金貝塚

青野友哉

新泉社

北の自然を生きた縄文人
—北黄金貝塚—

青野友哉

【目次】

装　幀　新谷雅宣
本文図版　松澤利絵

第1章　縄文の風吹く丘

1　噴火湾と北黄金

噴火湾沿岸の自然地形

私がはじめて北黄金《きたこがね》貝塚を訪れたのは一九九六年の初夏、霧雨の降る肌寒い日だった。その前年に伊達《だて》市役所に乞われて札幌医科大学から転職していた大島直行《おおしまなおゆき》（当時、教育委員会文化財担当主幹）に「一度遺跡を見に来ないか」と誘われてのことだった。

伊達市街で大島の車に乗りこみ、国道三七号線を北黄金貝塚までむかった（図1）。車窓からの眺めは靄《もや》がかかっていて、地形がよくわからなかった。港町小樽に生まれ育った私は、海と山との位置関係で自分の居場所を確かめる癖のようなものをもっていた。

「海岸線はどのくらい離れていますか?」との問いに大島は、一キロも離れていないこと、晴れていれば噴火湾を一望できること、伊達市は虻田《あぶた》町（現、洞爺《とうや》湖町）と室蘭《むろらん》市にはさまれた南北に長い海岸線をもっていることを教えてくれた。

さらに、その長い海岸線には大小の河川が三〇近くあり、川に沿って遺跡があることや、北の有珠《うす》地区と南の黄金《こがね》地区に貝塚が多いことも話してくれた。

たしかに北海道南西部の地図を見ると（図2）、渡島《おしま》半島の太平洋側には円に近い形の噴《ふん》火《か》湾（内浦《うちうら》湾）が

図1 ● 噴火湾と北黄金貝塚
北黄金貝塚は噴火湾に面した台地の上にある。写真上部の伊達市街地の奥には左から有珠山、昭和新山、羊蹄山がならんで見える。

あり、連なった山々に端を発する多くの川が湾にむかって流れている。また、湾の円形を乱すかのように海にせりだした場所がいくつかあるが、それは、近くの活火山がかつて噴火して山体が崩壊し、土砂が海に流れこみ埋め立てたことによる。

活火山の一つ有珠山は、二〇〇〇年にも噴火したことで記憶に新しいが、この山が約一万年前に噴火してできたのが伊達市有珠地区の流山地形《ながれやまちけい》と有珠湾だ。流山地形とは、噴火によって山の土砂や岩が海側に流れ落ちてできた巨岩による凹凸のある地形で、それが海中まで達したために、有珠湾という天然の良港が生まれた。

一方、噴火湾の南部には駒ケ岳《こまがたけ》があり、縄文時代から現代まで噴火を繰り返している。今から約七〇〇〇年前の噴火で降りつもった「駒ケ岳g火山灰」は、この地域の発掘調査で縄文早期と前期を区切る火山灰として、年代を決定するのにとても役立っている。

なお、噴火湾という名称は、一七九六年（寛政八）にこの地にやってきたイギリス海軍プロヴィデンス号のウィリアム・ブロートン船長がつけたものである。ブロートン一行は、当時のヨーロッパの地図で不明であったサハリンや北海道、千島列島を測量すべく、一七九六年八月に虻田、九月に室蘭に上陸している。このとき、沖から噴火湾の沿岸を見わたすと、北の有珠山でも、南の駒ケ岳でも噴煙があがっていたことから、この湾を「ボルカノ・ベイ（Volcano〔噴火口、火山〕Bay）」と名づけた。噴火湾自体が巨大なカルデラというわけではない。

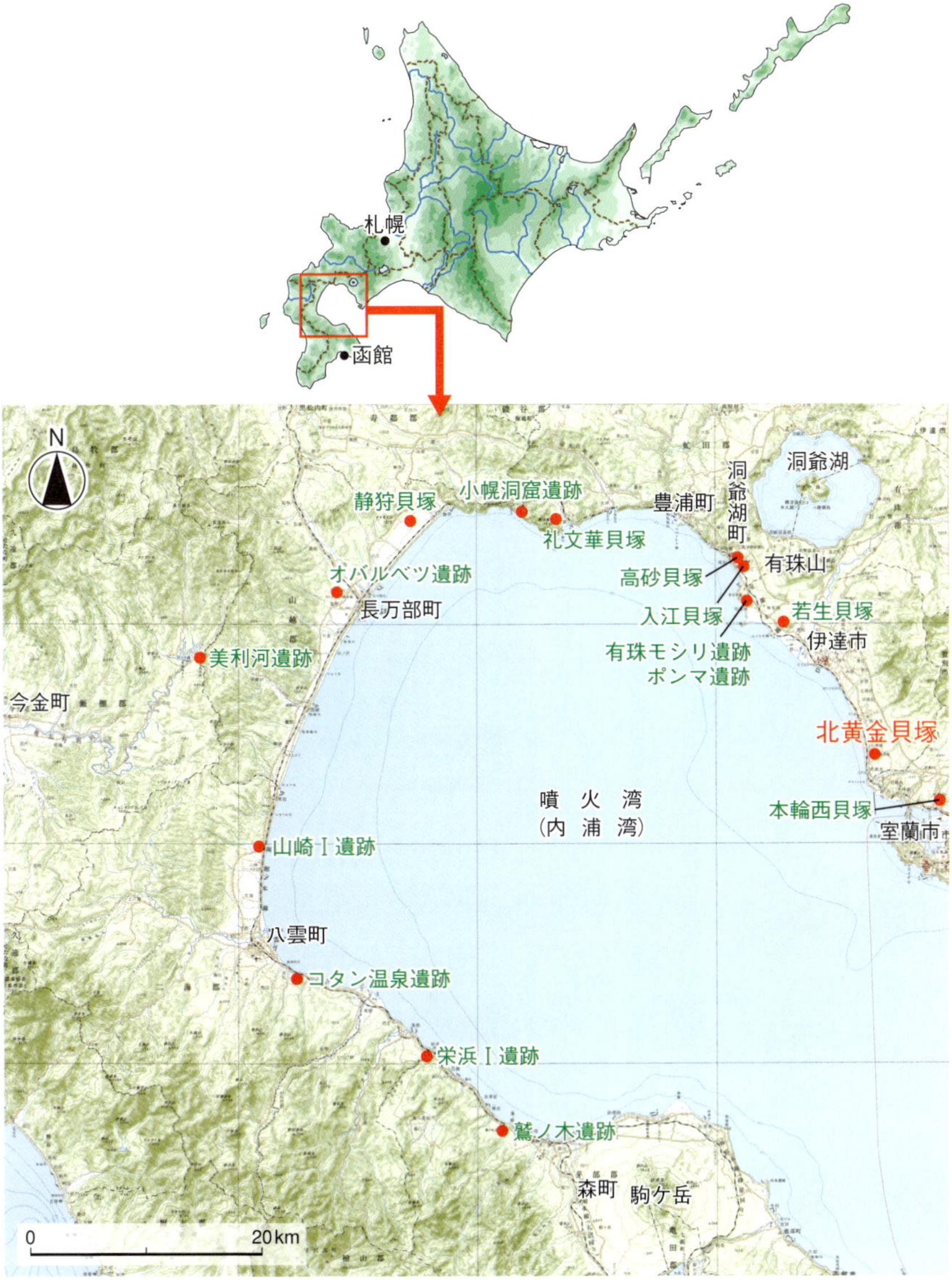

図２ ● 噴火湾の位置・形状と沿岸の遺跡
北海道南西部の渡島半島の東側が噴火湾（内浦湾）である。北に有珠山、南に駒ケ岳といった活火山が存在する。日本列島のなかでも有数の貝塚密集地帯だ。

北海道の貝塚密集地帯

さて、みなさんは、この噴火湾沿岸が日本列島のなかでも有数の貝塚密集地帯だということをごぞんじだろうか。考古学ファンなら、貝塚というと、三河《みかわ》湾周辺や東京湾東岸、仙台湾に多いことは知っているだろう。そして北海道では、それらに肩をならべるほど多くの貝塚遺跡が、釧路湾とこの噴火湾にあるのだ。

ただし、北海道の貝塚遺跡が本州の貝塚遺跡と大きく異なるのは、縄文時代のものだけではなく、その後の続縄《ぞくじょうもん》文期、擦文《さつもん》期、中世・近世アイヌ文化期、そして近代（明治期）までと

図3 ● 続縄文期の貝塚から出土した遺物
伊達市の有珠モシリ遺跡からは、クマを彫刻したスプーン状の製品や南海産のイモガイでつくられたブレスレットが出土している。

連綿とつづく点にある。それはとりもなおさず、狩猟・漁撈・採集を生活の基盤としていた時代が本州よりも長い、という北海道の特徴をあらわしている。

　例をあげるならば、本州以南に弥生文化が広まり、稲作農耕が普及していくときに、北海道では続縄文文化の貝塚遺跡がたくさんつくられた。伊達市の有珠モシリ遺跡では約二〇〇〇年前の、クマを彫刻したスプーンや南海産イモガイのブレスレットが出土している（図3）。豊浦《とようら》町の礼文華《れぶんげ》貝塚からも、装飾豊かな銛《もり》や本州の弥生文化との交流を示す糸紡ぎ用の土製紡錘車《どせいぼうすいしゃ》が見つかっている（図4）。さらに、同じく豊浦町の、海に面した海食洞窟で三方を断崖絶壁にかこまれた小幌《こぼろ》洞窟遺跡は、先の礼文華貝塚のキャンプサイト、つまりオットセイやクジラなどをとるときに立ち寄る基地であるが、そこにも貝塚が残っている。

　このように噴火湾沿岸には縄文時代から現代までの貝塚があり、それはこの地の人びとがずーっ

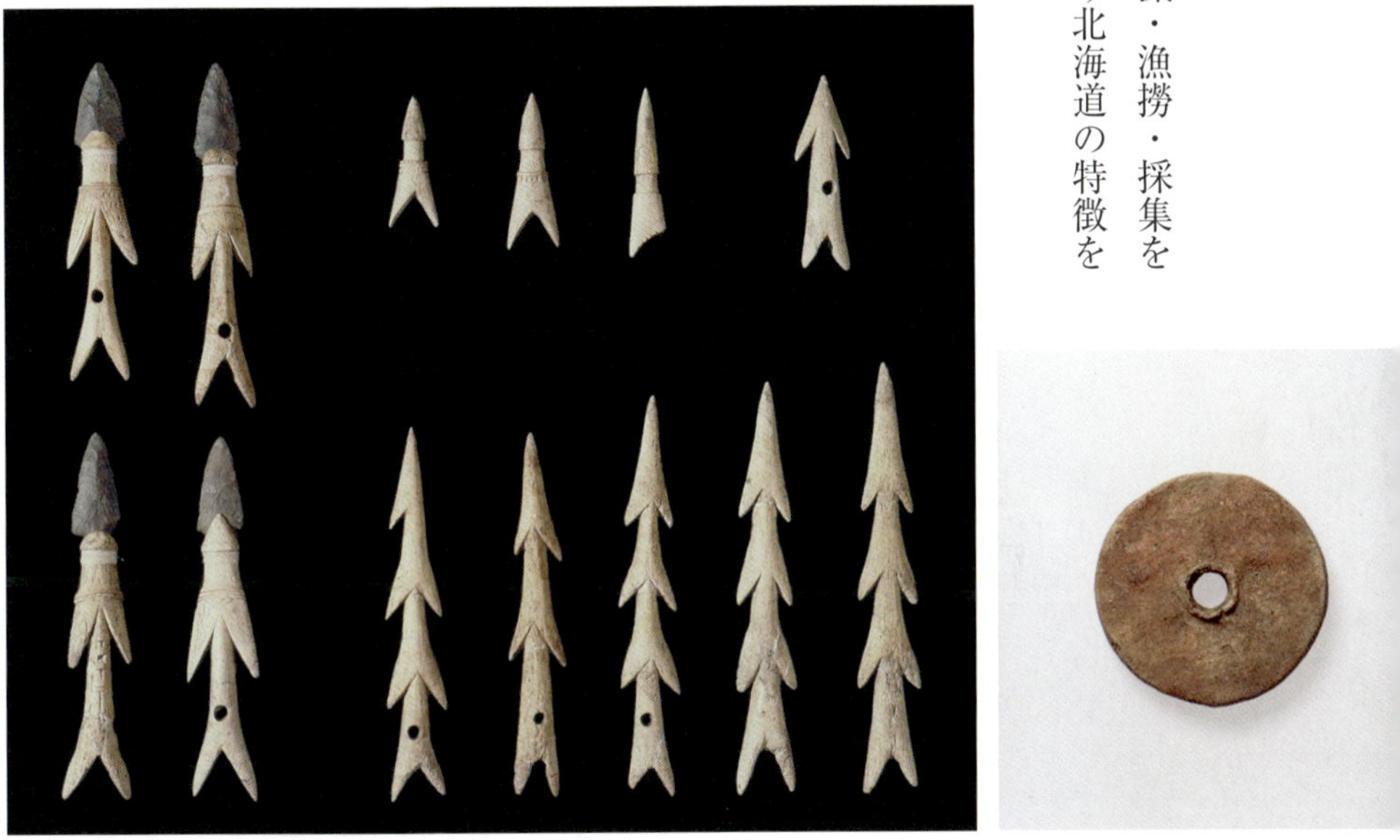

図４ ● 豊浦町の礼文華貝塚から出土した銛先と土製紡錘車
左：縄文晩期と続縄文期の銛先。
右：土製紡錘車は弥生文化との交流とその文化的な影響を示している。

と海からの恵みで暮らしてきたことを物語っているのである。

北黄金貝塚の地形

車から降りてぬかるみをしばらく歩くと小川があらわれた。大島は小走りで先を行き、発掘中のようすを見せてやると言って、覆っていたブルーシートをはがしはじめた。

大島は土の層の断面を見せながら、「これが一六四〇年に降った駒ケ岳の火山灰だ。この火山灰は量が少なく、当時くぼみだったところにしか残っていない。ということは、この火山灰の下に縄文時代の住居跡があるんだよ」と説明した。実際、後の調査で、縄文中期の住居跡を発見した。

私は大島の説明を聞きながら、横目で小川の流れを上流へと見ていった。

図5 ● 北黄金貝塚の位置
二つの舌状台地とその間の低地部分に遺跡はある。遺跡の面積は約140000m²で、すべて国指定史跡となっている。

小川は二〇メートルも行かずに大きなクルミの樹の下に消えている。そこは水の流れで浸食され、ちょうど大地のへそのように小さなくぼみとなっていた。くぼみのなかには、大小の礫が積み重なり、その隙間から水が湧きでている。

湧水点のある場所は標高八メートルほどで、小川は西側へむかってゆるやかに流れていき、ヤナギの林を越え、さらに奥の砂丘列にむかっている。湧水のある場所は低すぎて、砂丘列のむこうは見えないが、噴火湾が広がっているはずだ。

湧水点の南には上坂《うえさか》台地、北には茶呑《ちゃのみ》場《ば》台地とよばれる二つの台地があり、両台地の標高二〇〜二五メートル付近に、縄文前期の貝塚が五カ所ある（図5）。

晴れた日に台地の上に立つと、噴火湾を一望でき、対岸の長万部《おしゃまんべ》町や駒ケ岳を

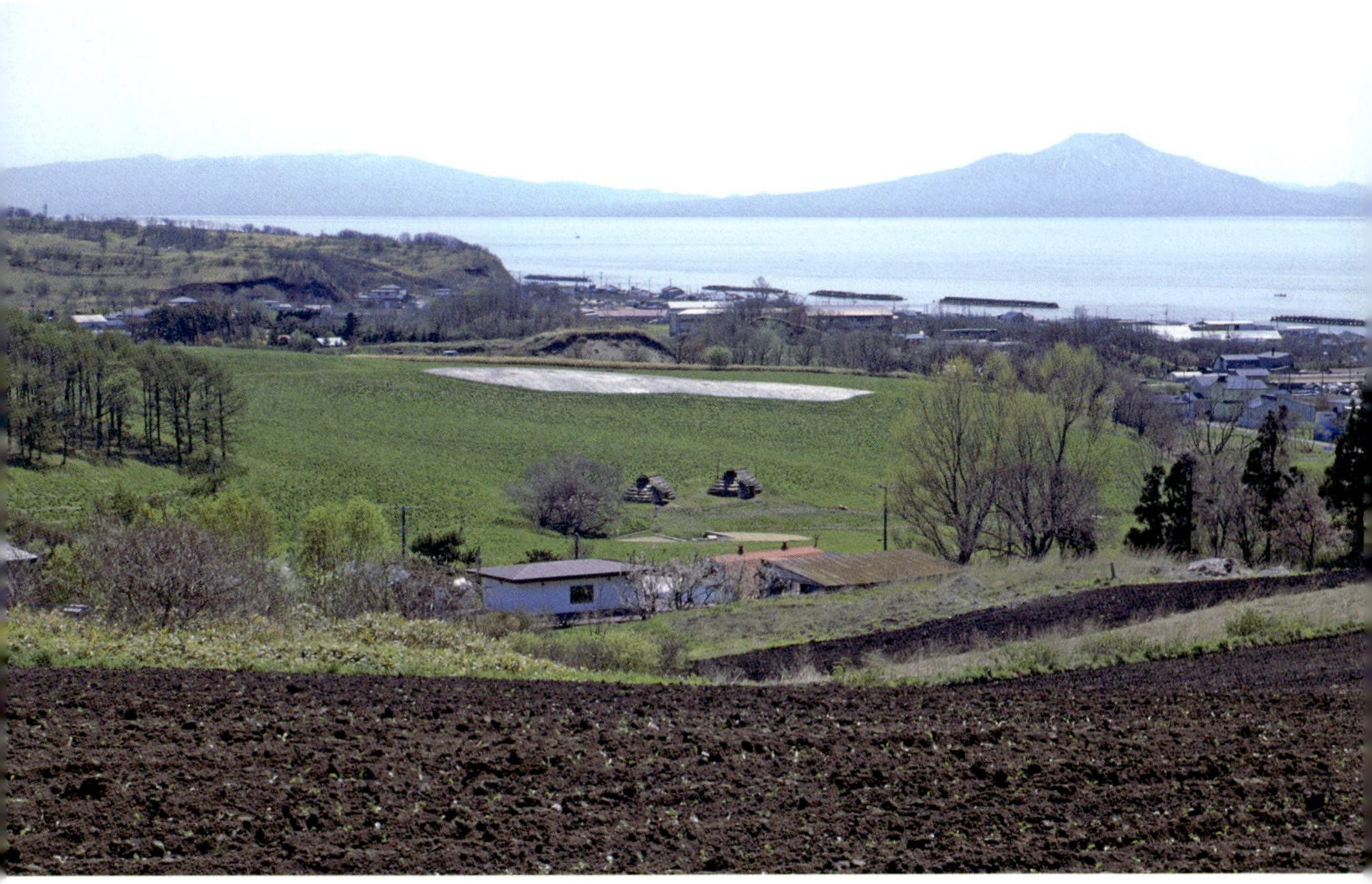

図6 ● 茶呑場台地から見た上坂台地と噴火湾
手前の畑が茶呑場台地。写真中央の上坂台地上の白いところが復元された貝塚、その下方に復元住居が見える。後方に噴火湾と対岸の駒ケ岳を望む。

間近に感じることができる。そればかりか、室蘭市の絵鞆《えとも》岬と渡島半島の恵山《えさん》が接して見えるため、あたかも大きな湖のような光景が広がる（図6）。

また、上坂台地の南側は、気仙《きせん》川により開削された低地が海岸線から約一・五キロ東側までつづいている。現在、川の両側は水田となっているが、縄文前期には海が入りこみ、一帯が大きな入江になっていたはずである。

縄文早期から前期にかけての気候の変動は、この低地部分を陸地から入江へ、そして砂丘列をともなう汽水域《きすいいき》へ、さらにふたたび陸地へと変化させてきた。このような環境変化が著しい時期に、縄文人が暮らした痕跡が北黄金貝塚である。貝塚を発掘すると、自然環境の変化に適応してきた縄文人の姿が浮かび上がってくる。それがこの遺跡の特質である。

雨音が激しくなってきたため、私たちは遺跡にシートをかけ直して、車へと足早に戻った。私はぬかるみに足をとられながらも、気配のようなものを感じて湧水のあたりをふりかえった。大地のへそからは、水がひたすらに流れでていた。

2　縄文の丘での出会い

教師、峰山巌

北黄金貝塚は、一九四八年秋、当時伊達町立第一中学校（現、伊達高等学校）の教諭であった峰山巌《みねやまいわお》が発見した（図7）。北黄金貝塚の発掘調査と保存については、この峰山をぬきにして語ることはできない。

峰山巌は、日露戦争の終結した一九〇五年（明治三八）に、秋田県由利《ゆり》郡下濱《しもはま》村羽川《はねかわ》（現、秋田市）に生まれた。祖父は旧亀田《かめだ》藩の漢方医であった。亀田藩は幕末に奥羽越列藩同盟《おううえつれっぱんどうめい》に加わり新政府軍と戦った。戊辰《ぼしん》戦争で敗れた後は、多くの藩士の子弟が教員や巡査になったように、巌の父、憲四郎も教員となった。

巌は六人兄弟の長男としてきびしく育てられたが、祖父が土器や石器の収集を趣味としていたことから、よく山野をともに歩き、遺物集めの手伝いをしている。このことが考古学に関心をもつきっかけとなった。

巌が小学校一年生になった一九一一年（明治四四）に、一家は北海道に移住する。父親は北海道南部の胆振《いぶり》管内を中心に小学校長を歴任し、その後、壮《そう》瞥《べつ》町の収入役を務めた。成長した巌も、函館師範学校本科および専攻科（歴史・地理）に学び、小樽市内の小学校で教鞭をとるようになる。そして一九四三年、三八歳のとき伊達高等家政女学校に赴任する。

当時、伊達町立家政女学校は一般高等女学校に切りかえるために普通科教員を求めていたのである。また峰山が伊達町に赴任したのには、結核にかかった一番下の弟を伊達赤十字病院で療養させ、近くで面倒をみたいという理由もあった。

図7●考古学者・峰山　巌（1905－1992）

遺跡の「パトロール」

さて、赴任した峰山は、さっそく伊達町付近の遺跡の「パトロール」（踏査）をはじめた。

きっかけは、太平洋戦争が激しくなり、伊達高等家政女学校の生徒が「援農」に動員されたことだった。当時は春から秋まで農作業をおこない、授業は冬だけであったという。峰山は援農先の北黄金、若生《わっかおい》、稀府《まれっぷ》などで、畑中に貝殻が散らばるのをみつけては記録していった。敗戦までつづけた遺跡踏査により、峰山の頭のなかにはすでに伊達の貝塚分布図ができあがっていたという。

今でも、考古学を志す者にとって、遺跡の踏査、とくに「表面採集」ほど心ときめくものはない。数千年ぶりに地表面にあらわれでた土器や石器を見つけるのは、宝探し的な喜びがあるが、それ以上に、地上にでているものは氷山の一角であり、どの時代のどのような遺跡がこの下に埋もれており、どこまでその範囲が広がるのかを推測することに喜びがあるのだ。これは太古の人びとが用意してくれた謎解きであり、そのヒントを見つけだすのが楽しくてたまらない。ましてや誰も見つけたことのない新発見の遺跡である場合は、嬉しさの度合いは最大級だ。

図8 ● 上坂竹次郎（右）**と孫の政三**（左）
上坂家は竹次郎翁と息子の勉氏、孫の政三氏の三代にわたり、北黄金貝塚の発掘と保存に協力してくれた。

峰山はこの時、けっして腹いっぱい食べられる状況にはなかった。それでも、昼休みなどを利用して貝塚の範囲を確認するために歩きまわった。青年教師は空腹や疲労を忘れるほど、縄文人による謎解きにすっかりはまってしまったのだ。

竹次郎翁の励まし

戦後も、峰山は遺跡踏査をつづけた。そして一九四八年の秋、北黄金地区を踏査し、気仙川右岸の丘陵で、崖に露出した貝層を発見する。

崖をよじのぼって貝塚を調べていると、「何をしているのかね」と丘の上から声をかけられた。これが、この地を農地に切りひらいた開拓農民、上坂竹次郎《うえさかたけじろう》（図８）との出会いであった。

野良着姿の竹次郎翁と峰山は貝塚のそばに腰をおろし、峰山は竹次郎翁に貝塚の意義や価値について話した。その熱意に竹次郎翁は、帰り際に「貝殻は畑のなかにも散らばっているから、また来なさいよ」と言い残したという。

峰山は上坂家の庭の植え込みを一〇〇

図９ ● 上坂家の庭
上坂家の庭の縁石には、竹次郎翁が長年にわたり拾い集めた擦石がならんでいた。

個以上の擦石《すりいし》がかこんでいるのや（図9）、縁側に二十数個の石皿《いしざら》がならんでいるのを見て、「集合の美を感じた」と、後年語っている。「無言でならぶ遺物の一つひとつに開墾の汗がにじみ、上坂家の歴史が刻み込まれているようだった」とも。九ヘクタールという広大な土地の開墾のなかで、長い期間かけて少しずつ集められたのである。

峰山はこの出会いをきっかけに、竹次郎翁と話を重ねるようになり、たびたび「いつまでも掘るところは残しておくから、いい仕事をしなさいよ」と励ましてもらったという。この言葉が峰山を噴火湾沿岸の貝塚調査に情熱を傾けさせた。

なお、「北黄金」という名称はつぎのような由来による。もともとここは黄金蘂《おこんしべ》村であった。黄金蘂とは、アイヌ語の「オ・コンプ・ウシ・ベツ」（昆布のとれるところの川）に漢字をあてたもの。それが後に「黄金」と略称され、さらに南北に区分されて現在の地名となったのである。その北黄金で貝塚が発見されたのである。

3　伊達高校郷土研究部

郷土研究部の設立

一九五〇年、峰山は伊達高校で二年生の世界史の授業を担当していた。教科書の一ページ目のピテカントロプスなどの化石人骨の話から熱が入る。さらに時代が移り、イタリアのポンペイで火山灰に埋もれた遺跡が発見されたところになると、伊達町にも活火山である有珠山があること、そして遺跡がたくさんあり、若生貝塚には医師であり考古学者でもあるイギリス人のニール・ゴードン・マンローが来て、土器を発掘していったことなどを熱く語る。生徒たちはだんだん目を輝かせていった。

ある時、当時二年生であった萱場敏郎と関根博道が、有珠地区で拾った磨製石斧《ませいせきふ》と入江《いりえ》海軍艇庫跡（洞爺湖町入江地区）の貝層の情報を集めて峰山のもとへもってきた。さらに峰山の授業に感銘を受けた竹田輝雄、清水孝一、石田尚義、香西信幸、浦英輔、徳田富男の八名が伊達の遺跡を調べてみたいと申し出て、伊達高校郷土研究部が発足する。

噴火湾沿岸の遺跡調査

部員たちは、発足間もない一九五〇年五月一〇日に洞爺湖町の入江貝塚を、二三日に清《し》水《みず》遺跡を踏査し、六月には若生貝塚で地表に貝塚が散乱している場所や断崖に貝層があらわれている場所などを確認した。七月には黄金地区を踏査し、北黄金貝塚の露出した貝層

図 10 ● 若生貝塚の発掘
伊達高校郷土研究部による発掘調査。前列左から3番目が峰山。後列左が名取武光。

の断面をスケッチしている。

そして峰山と部員たちは、採集した遺物をもって北海道大学の名取武光《なとりたけみつ》助教授を訪ね、遺物を鑑定してもらい、これらの多くが縄文文化に属する遺跡であることを教えられる。そこで峰山は、以後の調査の中心を若生貝塚と入江貝塚に定め、まず若生貝塚の試掘調査を実施した（図10）。

八月におこなった若生貝塚の発掘調査では、一メートル×三メートルのトレンチ（溝状の調査区）を深さ二・六メートルまで掘り下げた。これは二メートルを超す大貝塚の発見であったことから、すぐに名取を現地によんでいる。名取からは「若生貝塚は層位的研究において北海道最優秀の遺跡である」とのお墨付をえた。

このときの調査では四カ所の貝塚の分布図をつくり、貝層断面もていねいにスケッチし、貝種や火山灰についても分析している。

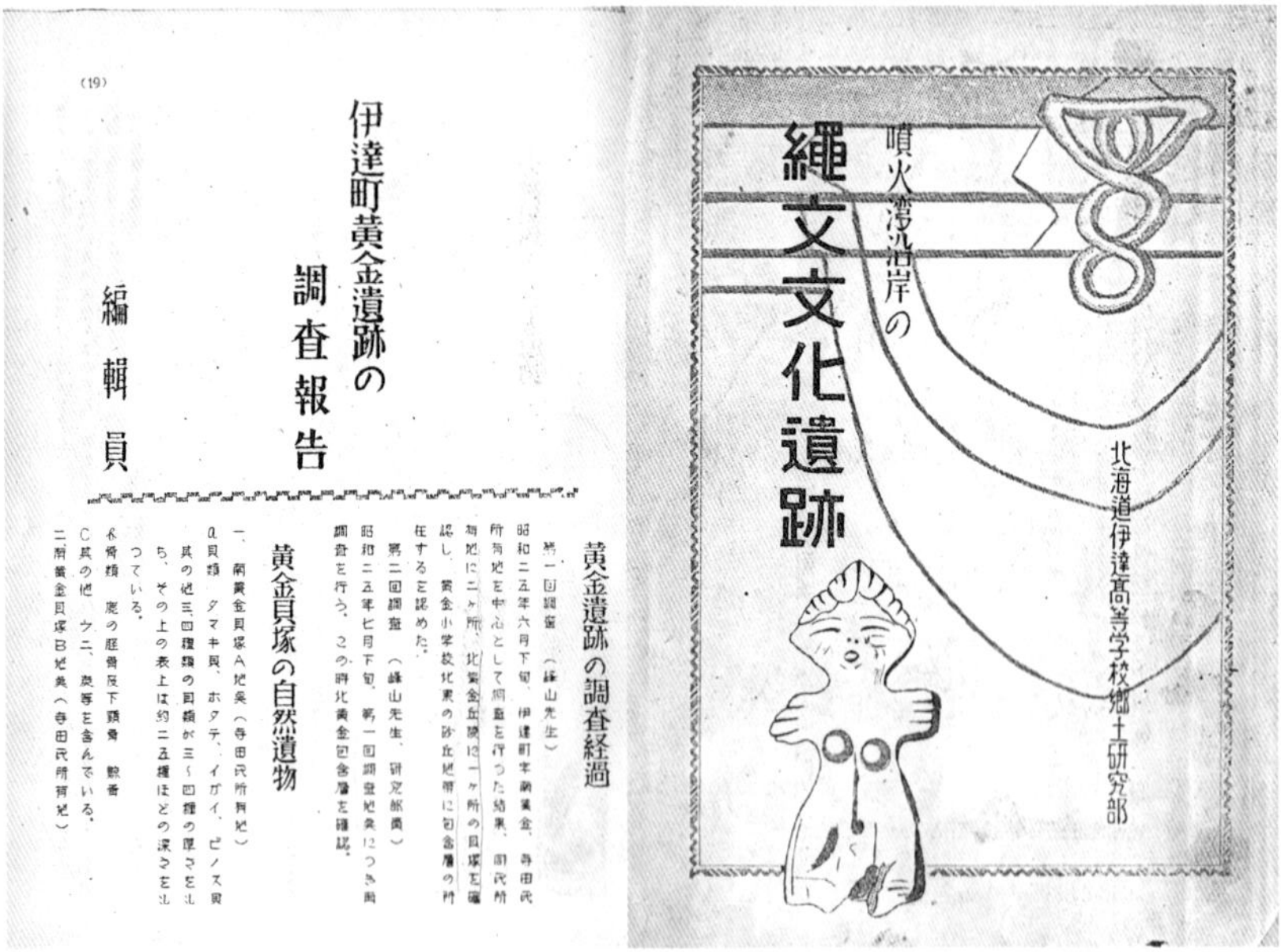

図11●『噴火湾沿岸の縄文文化遺跡』
伊達高校郷土研究部がおこなった遺跡の踏査や発掘の成果をまとめたもの。部員の萱場敏郎が高校卒業後も学校に通い編集した。

翌一九五一年には遺物の整理作業に専念し、五二年四月に調査報告書『噴火湾沿岸の縄文文化遺跡』を刊行した（図11）。生徒みずから土器の拓本をとり、骨角器《こっかくき》の実測図を作成し、分担して原稿を書いている。峰山の概説も含めて六四頁のガリ版刷りの大作だ。

若生貝塚の発掘

そして一九五二年八月、峰山は試掘により「道内で最優秀」と評された若生貝塚の本格的な調査に乗りだす。若生貝塚は地主（当時）の刑部平吉《おさかべへいきち》氏によれば、先にもふれたように、一九二六年ごろにアイヌ研究で知られたニール・ゴードン・マンローが遺物を採集し、その後発掘を計画するも許可が下りずに断念した遺跡だという。

「ワッカオイ」とはアイヌ語で「水の湧きでるところ」を意味する。そのとおり、標高三五メートルの山中から水が湧きでている。そこは縄文海進のあった縄文前期でさえも、海岸から一キロ近く入った場所だ。そんな山中に縄文人が貝塚をつくったのは、この湧水があったからにほかならない。

若生貝塚の貝塚は四カ所、縄文早期から晩期まで、地点を変えて存在している。周囲からは続縄文期～擦文期の土器も出土している。

峰山らは、A地点貝塚とした縄文早期から前期の貝塚のど真ん中を調査した。報告書によれば、四メートル四方を掘り下げ、貝層だけで約三メートルの深さであったとされる。この調査で峰山は、カキやアサリなどの貝層を区分する火山灰ないしは人の手による焼け灰に注目して、層位的な発掘調査をおこなった。具体的には九層の灰の層によって、一〇層に貝層を分けることができ、各層で出土した土器の新旧関係をとらえている。

これらの調査成果は、一九五七年に、名取と峰山が連名で報告書「若生貝塚発掘報告」（『北方文化研究報告』一二輯）にまとめた。そして、この調査での経験が、翌年から開始する北黄金貝塚での発掘調査の基礎となったのである。

4　北黄金貝塚の発掘

峰山と高校生が番屋に二週間合宿

峰山と伊達高校郷土研究部員らは、一九五三年七月に北黄金貝塚のA地点貝塚とB地点貝塚を、一九五八年八月にC地点貝塚（茶呑場貝塚）を発掘した（図12・13）。

一九五三年の調査には、生徒が二〇名ほど参加した。板敷きの番屋で、二週間合宿しながらの発掘であった。峰山夫人の冨美《ふみ》の話によると、米などの食料は一五キロ離れた伊達市街からリアカーで運び、姪と二人で料理をつくったという。そして上坂家は、牛乳や野菜を提供したり、風呂を毎日沸かしたり、冨美と姪の二人を上坂家の縁側つきの一番良い部屋に泊めたりと、物心両面で支援した。

一方、天候により作物の収穫を急ぐときなどは、発掘を終えた生徒たちが上坂家の農作業の手伝いをすることもあったという。峰山は、こうした交流が生徒たちの精神形成に大きな影響を与えたと述懐している。

三地点の貝塚の変遷を解明

A地点貝塚とは、かつて峰山が台地の先端部の崖面に貝層が露出しているのを見つけ、観察中に竹次郎翁に声をかけられた場所だ。そこを六メートル×二メートルの範囲で掘り下げると、カキやイガイ、ハマグリなどの貝層が堆積している部分と、貝はなく土だけが堆積している部分に分かれた。これは斜面につくられている貝塚の一番上を掘ったということだ。土だけの部分には土器がたくさん含まれていて、火山灰によって土層を分けることができた。

一方、B地点貝塚は、竹次郎翁が「貝殻は畑のなかにも散らばっているから、また来なさいよ」といって教えてくれた

図12 ● 北黄金貝塚（B地点）の発掘
縄文前期はじめのハマグリが主体の貝塚である。

貝塚である。A地点貝塚から北東へ約一四〇メートル離れた台地のてっぺんにある。耕作地になっていたために、表面の土は乱れていて、あたりに貝殻が散乱していた。

ここを六メートル四方の範囲で掘ると、ハマグリとコタマガイが大部分を占める貝塚であった。

A地点はカキが多く、B地点はハマグリが多い。このように地点によって貝の種類が異なるのは気温や海洋環境の変化と関係があり、そこから貝塚ができた時期に差があることがうかがえた。このとき峰山は、入江だった部分から海が引いていき、海岸近くに砂丘ができることで、入江が淡水と海水の混在する汽水域に変化したために貝種が変化したと考えた。さらに、若生貝

図 13 ● 貝塚の変遷
貝塚は時期によってつくられた場所が異なっている。貝塚の近くには住居があったと考えられるので、住む場所が変化したのだ。

塚の層位的発掘で明らかになった擦石の型式変化を参照して、B地点貝塚よりA地点貝塚のほうが新しいと結論づけた。

C地点貝塚は、上坂台地から低地の湧水点をはさんで北側の茶呑場台地上にある。四メートル四方の調査区を発掘し、下層はハマグリで、上層はカキやウニでできていることがわかった。つまり、ハマグリが出土する層は古く、カキやウニが出土する層は新しいことがはっきりした。これによって、先に推定した「B貝塚→A貝塚」という新旧関係が正しいことが証明された。同時に、C地点貝塚はB・A両貝塚の中間的形態であることから、「B貝塚→C貝塚→A貝塚」の順に新しくなることもわかったのである。峰山らの層位的発掘の成果がしだいにあらわれてきた。

土層ごとの土器のちがい

峰山は「まずそのままを見よ」が口癖だったという。これは層位学を重視した名取の指導によるものであるが、おおもとは東北帝国大学の古生物学者で、人類学者でもあった松本彦七郎《まつもとひこしちろう》の層位学的な発掘調査に影響されてのことである。松本は宮城県の大木囲《だいぎがこい》貝塚や里浜《さとはま》貝塚などで層位学的な調査をおこない、遺物の形態などのちがいを年代差としてとらえる考えを提唱して考古学に大きく貢献した人物である。

北黄金貝塚のA地点貝塚では、約一・五メートルの厚さの土の層を、色のちがいで大きく三層に分けた。峰山は、「まずそのままを見よ」と、土の層を掘り進めながら、土器の位置と高さをすべて記録していき、それを土層の断面図に重ね合わせ、タイプのちがう土器が単独で出土している層と混ざって出土している層をたしかめた。そして、つぎのような三種類の土器の変遷を明らかにしたのである。

下の層から単独で出土するのは平らな底をしたバケツ形をしていて、貝殻でひっかいた模様がついた土器（図14）。上《うえ》坂式《さかしき》土器とよばれる。つぎの層からは、底が尖っていて、砲弾形をし、太い縄の模様がついた土器（図15）が出土し、縄《じょう》文《もん》尖底《せんてい》土器とよばれる。そして一番上の層の土器は筒状で、細かい縄目模様がついた土器（図16）で、円筒《えんとう》下《か》層式《そうしき》土器とよばれるものだ。

上坂式土器

この三つの土器のうち、一番下の層から出土した土器は、当時は新発見の土器であり、どの時期の土器なのかわからないものだった。

図14 ● 上坂式土器
峰山が発見した土器。器壁が薄く、焼きが固いしっかりした土器である。上坂家への感謝の気持ちからこう名づけた。

図15 • **縄文尖底土器**
尖り底で器壁が厚く、太い縄目の模様がつけられている。
胎土に繊維を含むのが特徴である。

図16 • **円筒土器下層式**
筒型で、さまざまな縄を駆使した複雑な模様が特徴。東北地方北部の
土器と共通しており、同じ文化圏であったことがわかる。

平らな底から側面が真っ直ぐに立ちあがったバケツのような形をしていて、口の部分は平らで、小さな突起がつくこともある。外側の模様はサルボウやアカガイの凸凹した部分を押しあてて縦横に線を引いたものだ。口のすぐ下には、粘土を細く隆起させて一周させるといった特徴もある。時期は縄文時代早期の半ば（約八〇〇〇年前）のものである。

この新発見の土器は名取・峰山の連名で「上坂式」と名づけられた。竹次郎翁をはじめ上坂家に対する感謝の気持ちからつけたものである。

考古学の世界では、新たに見つけた遺跡の名前は「字名《あざめい》」をつけることになっている。この場合、北黄金地区で発見された遺跡であるので「北黄金遺跡（貝塚）」として登録される。そして、土器は、「遺跡名」あるいは「遺跡名＋層名」となる場合が多い。これにしたがえば、新発見の土器は「北黄金式土器」あるいは「北黄金C層式土器」とするのが一般的である。しかし、峰山らはそうはしなかった。峰山らが新たに命名した土器はほかにもあるが、人の名字を冠したのはこの上坂式だけである。

第２章　移りゆく貝塚を追う

1　縄文海進と海退

海進と海退

地球は長期的な自転軸の傾きの変化や、短期的には大規模な火山の噴火などの影響で、地球規模の寒暖の変化をくりかえしている。現在とくらべていえば、縄文時代早期から前期はじめにかけては温暖化が進み、以後は寒冷化して現在にいたっている。

このため縄文早期末から前期初頭にかけて、海がもっとも内陸まで入りこみ、本州の関東では栃木県や群馬県の南端でも、また北海道では千歳《ちとせ》市の美々《びび》貝塚のような内陸部でも、貝塚がつくられるようになる。

北黄金の地では、土器は縄文早期のものが見つかっているが、貝塚は縄文前期のはじめからつくられ、前期の終わりになくなる。つまり、縄文海進《かいしん》・海退《かいたい》の時期につくられたといえる。

今からおよそ七〇〇〇年前から五五〇〇年前のころである。つまり、北黄金貝塚はもっとも気候の変化が著しい千数百年のあいだ存続した集落なのだ。

この気候の変化は、地形や植生、海流、海洋生態系をも変化させることで、北黄金の縄文人たちに多大な影響を与えたことだろう。逆にいうと、千数百年の北黄金貝塚の歴史を調べることは、自然環境の変化のなかで、縄文人がどのように適応して生きてきたのかを読みとることになる。峰山と伊達高校郷土研究部によるA・B・C地点の発掘調査はそれを明らかにした。

そこで、北黄金貝塚（図17）を三つの時期に区分して、それぞれの時期の特徴を見ていこう。三つの時期とは、①縄文前期のはじめ、②縄文前期の半ば、③縄文前期の終わりである。

図17 ● 上空から見た北黄金貝塚
写真中央、上坂台地の白い部分が復元された貝塚。台地の奥には気仙川が流れ、その両脇に開削低地が広がっている。

ハマグリの貝塚

Ｂ地点貝塚は上坂台地の山側で、標高は二三メートルある。ハマグリと、それに形の似たコタマガイの貝塚だ。貝塚に積みかさなったハマグリの貝殻は幅が七センチもある大きなものだ。当時の海の豊饒さを思う。

そのほかアサリやホタテもあるにはあるが、主体ではない。もちろん、マグロやスズキなどの魚の骨も多く、シカやクマなどの獣骨も出土している。峰山が調査したときは、貝層の厚さは七〇～八〇センチで、範囲は直径一五メートルの円形である。

ハマグリは現在、本州の東北地方以南に棲息し北海道ではとれない貝である。当時の北黄金の自然環境が現在よりも温暖であったことを示している。海岸線は現在よりも内陸側にあり、上坂台地の裾近くまで海が押し寄せ、気仙川のある開削低地は入江になっていたはずだ（図

図18 ● 縄文海進期の海岸線とそのころの貝塚
Ｂ地点貝塚がつくられた縄文前期のはじめは
海進の最大期で、内陸まで湾となっていた。

18）。標高の高い丘の上に生活したとしても、さほど海は遠いわけではなかった。

また、上坂台地と茶呑場台地のあいだの低地（北黄金貝塚情報センター付近）は、今は標高四〜五メートルだが、試掘調査時に海砂《うみずな》が出てきたことから海辺近くであったことがわかっている。湧水点は標高九メートル付近にあることから、当時、湧水は一〇〇メートルもへずに海へと流れこんでいたことだろう。

この貝塚からは、底が尖り太い縄目模様がついた「縄文尖底土器」（図15参照）が出土していることから、縄文前期はじめの貝塚であることがわかる。ほかに断面が三角形の擦石（図19）と、河原石を打ち欠いただけの漁網の錘《おもり》である石錘《せきすい》が出土する。

ハマグリからカキへ変化する貝塚

その後、数百年たって縄文前期半ばになると、茶呑場台地の標高二六メートル付近にC地点貝塚をつくるようになる。

C地点貝塚は、下層がハマグリ主体で、上層はカキ・ホタテ・ウニ主体の貝塚である（図20）。先に述べたが、峰山が、B地点貝塚（ハマグリの貝塚）が古く、A地点貝塚（カキの貝塚）が新しいと想定したことが正しいことを証明した貝塚だ。

図19 ● 縄文前期はじめの擦石（画：羽原哲也）
前期はじめの擦石は断面が三角形で、すりつぶす面の幅は約1cmと狭い。

図20 ● C地点貝塚の貝層
写真上半の白い2本の貝層が上層のカキとホタテの層、一番上の灰色がウニの層、ところどころに見える薄茶色はシカ骨や魚骨。写真下半にはシカの骨が集中して出土したようすが見える。

海との距離は、ハマグリをとっていたはじめの時期はB地点貝塚とくらべても同じ程度だったのだろうが、寒冷化によりハマグリがとれなくなりカキが多くなってきたころには、海岸線は年々後退していったと考えられる。

この貝塚は、東西六〇メートル、南北二〇メートルと非常に大きな貝塚で、貝層の厚さは二メートルにもおよぶ。

円筒下層式土器の前半期の特徴をもったバケツ型の土器が多く出土し、また擦石は扁平な石の片面に親指をあてるくぼみをつけ、その裏にほかの四本の指が納まる楕円形の溝をつけた、つまり把手《とって》がついたものが出土する（図21）。

峰山は、貝層が厚く堆積した第一区と、砂が多く貝層が少ない第二区の二カ所を調査している。この第二区では、多量の擦石と石皿がところどころに寄せ集まった状態で出土した。なかには一つの石皿を中心に外側に擦石を配置したような場所もあった。その意味については、後で水場の祭祀場で見ていこう。

カキの貝塚

そして、前期の終わりになると、引いていった海を追いかけるかのように、ふたたび上坂台

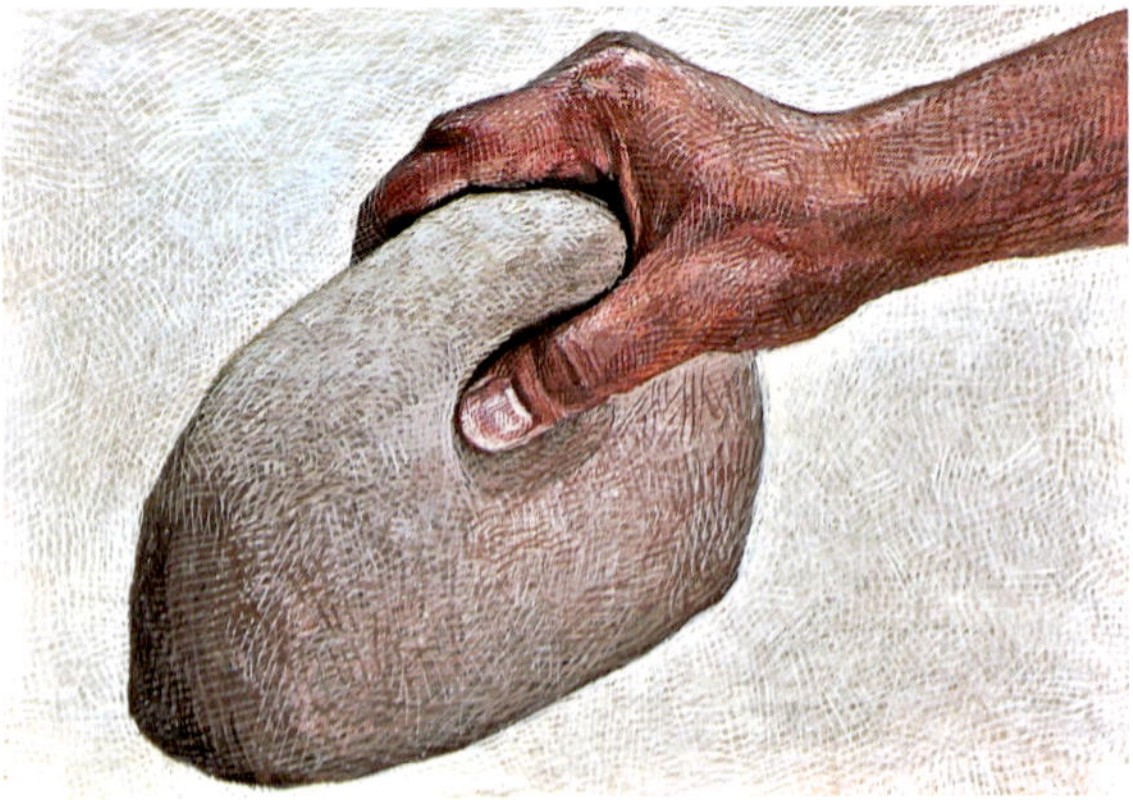

図21 ● 縄文前期半ばの擦石（画：羽原哲也）
前期半ばの擦石は指がかかる部分が凹んでおり、把手がついている。

地上の海寄りに、カキ主体のA地点貝塚がつくられる（図22）。なお、その後に発掘されたA地点に近接するA′地点貝塚と南斜面貝塚も、同じようにカキをとった貝塚だ（図23）。

A地点貝塚は峰山が最初に見つけ、伊達高校郷土研究部が発掘した場所で、貝層の下からは上坂式土器が新たに発見されている。貝層中の土器は円筒下層式のうちでも後半期の特徴をもっている筒型の土器が見つかっている。

貝の種類はカキのほかにイガイ、ウニも多い。擦石の形は、把手部分に溝が一周めぐり、擦《す》る面のある方が丸く大きく張りだしている（図24）。擦り面を下にして立てて置くと、鏡餅のように見えるものもある。

このタイプの擦石は「北海道式石冠《せっかん》」という別名をもっている。これは本州の縄文遺跡から出土する祭祀道具である「石冠」に形が似ていることから名づけられた。しかし、これは祭祀

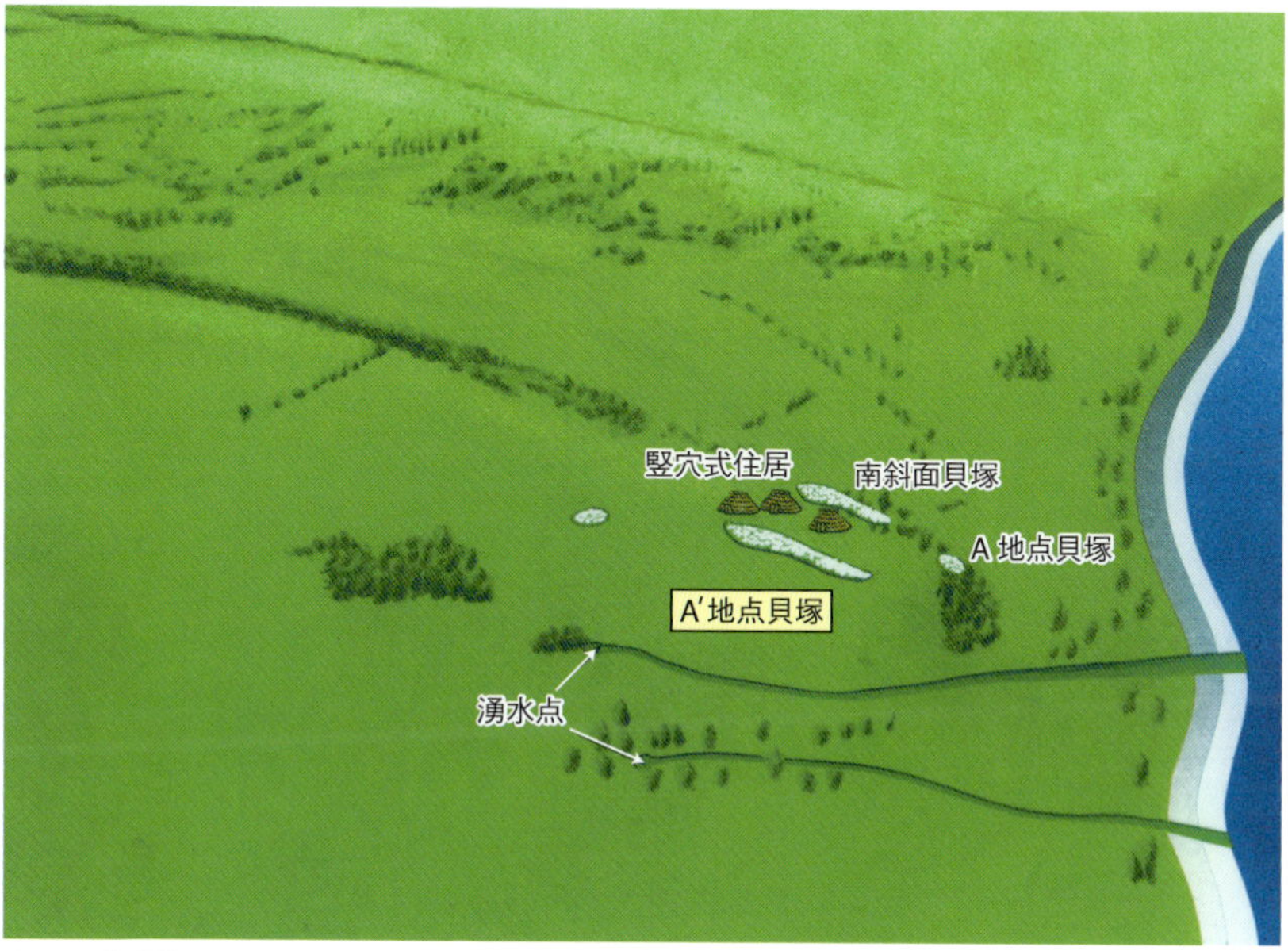

図22 ● 海退後の海岸線とそのころの貝塚
前期の終わりには海岸線は現在と変わらない位置に退いていった。
それを追いかけるように貝塚が海寄りにつくられる。

の道具ではなく、ものを擦るための実用の道具である。実際、使用して擦り面が傾斜した片減りの擦石もたくさん出土する。

そもそも本州で出土する石冠も、墓のなかの頭部付近から出土したために「冠」との名称がついているが、現在ではその考え方は否定されている。石の冠でもなく、祭祀道具の地方型でもない「北海道式石冠」という名は二重に誤った名称といえる。

さて、貝塚がつくられるということは、近くに集落があるということだ。

北黄金貝塚ではそれほど多くの住居跡を調査していないが、A′地点貝塚や南斜面貝塚の周辺で竪穴住居が見つかっている。つまり、気候の変化が海進・海退という現象を生み、土地の利用のあり方が変化したために、集落が移動していった。

このような自然環境の変化と集落・貝塚の変遷がとらえられる良好な遺跡は、全国でも数少

図23 ● 復元されたA′地点貝塚
カキとホタテが主体であるという調査成果をもとに、現世の貝殻を敷いて貝塚の広がりを示した。

ない。遺跡の範囲はすべて国指定史跡として残されており、周辺の地形も良好に残っているため、丘の上に立てば貝塚の変遷が手にとるようにわかる。

2　自然とともに生きる

縄文海進・海退が意味するもの

以上、北黄金貝塚のA・B・C地点とA′地点、南斜面貝塚という五つの貝塚の変遷は、地球規模の環境変化によると述べてきた。しかし、「環境の変化」といっているものは、陸や海、地形や生態系などさまざまな部分をひとくくりにした言い方で、それぞれの部分の変化のありようは多様であろう。

海退によって、それまで海であった部分が陸地になるにしても、すぐに乾いた大地になるわけではない。海退とともに河口に砂丘列ができると川の流れは緩やかになり、海水と淡水の混ざった汽水性の湖沼ができ、それに適した貝類や動植物が生息する。

図24●縄文前期終わりから中期の擦石
別名「北海道式石冠」。大きく形が角ばっている縄文前期のタイプと、小さく丸みを帯びた縄文中期のタイプにわけられる。

縄文人はそれらの貝類や動植物を食料にすることは可能だったろうが、ぬかるむその土地に集落をつくることはできない。

さらに時がたって砂丘列がいくつもでき、湿原からヤナギが生えるほどの林になると、陸に棲む小型の哺乳類が顔を出すようになり、新たな狩猟の場となる。しかし、地盤が安定して砂丘上に竪穴住居をつくることができるようになるには、さらなる時間が必要だったろう。

このように、たんに気温の寒暖だけではないさまざまな環境変化が縄文早期から前期にかけて起こったと考えるべきなのだ。そして、もう一つ忘れてはならないのが、陸地だけでなく、海洋環境も変化するということだ。

海洋環境の変化

噴火湾は、湾の開口部が全体の約五分の一と狭いが、寒流や暖流はつねに入りこむ。しかも、水深は約一〇〇メートルと浅く、海流の影響を受けやすい。このことは、高緯度に位置することとあわせて、気候変動に敏感で、影響を受けやすい海洋環境をつくりだしている。

縄文前期のはじめは、暖流が湾内に入りこみ、マグロやスズキなどの外洋性の魚も湾内で捕獲することが可能になった。B地点貝塚からは、これらの魚の骨がたくさん出土する。当然、ハマグリやコタマガイなど、現在は東海地方あたりが産地の貝類も北黄金の前浜でとることができた。

前期の半ば以降、寒冷化がはじまり、砂丘の発達で砂泥質の海底があらわれ、カキやホタテ、ホッキなどがとれる環境に変化する。

前期の終わりにはほぼ現在と同じ環境になり、寒流である千島《ちしま》海流（親潮）の勢いが増してきたものと思われる。ただし、暖流の対馬《つしま》海流（黒潮）の一部が津軽海峡を太平洋側に抜けて噴火湾に入りこんでいるため、道北地域とくらべれば温暖な海域といえる。そのおかげで冬から春にかけて、オットセイのメスと幼獣が越冬しに噴火湾へやってきた。現在でも冬場に見ることができる。

獲物と道具の変化

貝塚からは、縄文人が食べた貝の殻や動物の骨（図25）のほかに、それらをとるための道具も出土する。とくに、動物の角や骨でできた骨角器とよばれる道具は腐らずに残ることから、貝塚は、他の遺跡にくらべて格段に情報量が多いといえる。

骨角器には銛やヤス、釣り針といった狩猟の道具から、縫《ぬ》い針《ばり》などの裁縫用具（図26）、ヘアー

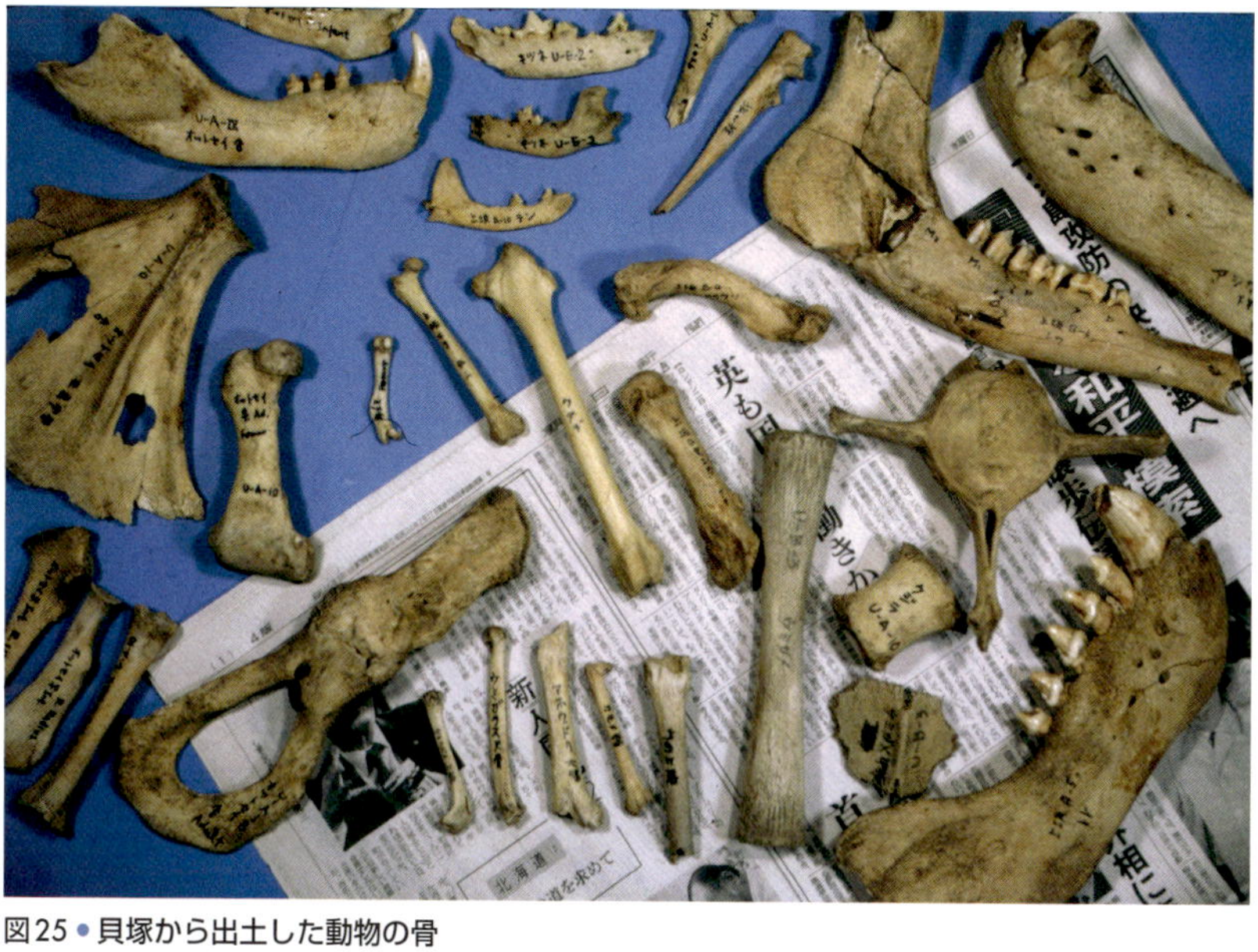

図25 ● 貝塚から出土した動物の骨
シカやキツネなどの陸獣とともに、オットセイやイルカ、ウミガメなど海棲の動物の骨も多く出土する。

ピンやビーズ類といった装身具、クジラの骨でできた刀状のものやスプーン状のものなどの祭祀道具（図51参照）まで、多種多様である。しかし、これにも時期的な傾向がある。

獲物との関係でいえば、縄文前期はじめの貝塚からは銛やヤスはほとんど出土しない。そのかわりに石の錘が大量に出土する。これは魚を網漁でとっていたということである。

ちなみに網そのものは腐ってしまい出土しないが、この時期の縄文尖底土器には繊維をよった縄が粘土に練りこまれており、土器の断面にその痕が残っている。竹田輝雄が縄文尖底土器をレントゲン撮影し、縄が網目になっていることを確認している。つまり、縄を結んだ網に粘土を張りつけて、土器をつくっていたことがわかったのだ。となれば、魚をとった網が存在するのはまちがいなく、場合によっては魚用の網を土器づくりに利用したのかもしれない。

図26● 縫い針と針入れ
シカの骨でできた縫い針と、鳥の骨でできた針入れが出土している。

図27 • 銛（上）とヤス（下）
上：獲物をたぐり寄せるために先端部に紐をつけて使う。
下：木の柄に直接つけて獲物に突き刺す。

前期半ばの貝塚からは、ヤスは出土するものの、銛はほとんど出土しない。オットセイやイルカなどの海棲哺乳類の骨の出土も少ないことから、寒冷化はしているものの、海洋では親潮の勢いはそれほど強くはなかったのかもしれない。

一方で、この時期の貝塚から多く出土するのはシカの骨である。C地点貝塚からはカキの層やウニの層と同じように、シカの骨が集中する層が重なりあっていた。とくに、シカの骨は土器や熱を受けた礫とともに出土することから、シカ猟をした秋から冬にかけて家の建て替えや土器づくりをし、使い終わった土器や炉の縁石《ふちいし》が貝塚へ持ちこまれたのではないかと思われる。

前期の終わりになるとようやく銛とヤスが大量に出土しはじめる（図27）。海流も変化して噴火湾沿岸に越冬しにきたオットセイを盛んにとったのだ。これは貝塚から成獣《せいじゅう》のメスと若《じゃく》獣《じゅう》のオス、そして幼獣《ようじゅう》が出土することからいえることで、北黄金縄文人の冬場の主食であった。

さらに、オットセイの骨に残る解体痕《かいたいこん》（カットマーク）の分析によると、額部分に横一文字に傷がついていることから、なるべく大きく毛皮を剝がすことを意図していたことがわかる、と鵜沢和宏はいう。肉だけではなく、あますところなく利用するのが獲物へ対する礼儀であり、狩猟民の「掟」であったろう。

このように縄文前期の海洋環境の変化によって、棲息する貝類・魚類・海棲哺乳類の種類が変わり、それに対して北黄金貝塚の縄文人たちは、狩猟対象にあわせた道具をつくりだし、漁法を変えていった。時には海のものだけではなく、陸獣を狩った時期もあった。こうして、そのときどきの環境に合った方法を選択しながら、自然のなかで生きたのである。

第3章　縄文人のこころに迫る

1　なぜ貝塚に墓があるのか

人類学と考古学

北黄金貝塚では、一九五三年と五八年の峰山巌らの発掘調査につづいて、一九六九年から七九年まで、札幌医科大学第二解剖学教室が北海道の古人骨をテーマに一一次にわたって発掘調査をおこなった。

貝塚を掘ると、貝塚をつくった人たちの骨が見つかる。その骨を計測して集団間のちがいや時代的な変遷を明らかにしたり、病気や怪我、出産といったライフヒストリーを解明する学問が形質人類学である。考古学が土からでてきた物質や地面に残された痕跡を材料として歴史や文化を明らかにしようとするのに対して、人類学は「人骨」という人そのものを扱うところに学問的なちがいと魅力がある。

とはいえ、考古学と人類学の境界は厳密なわけではなく、むしろ墓や骨という共通の対象について共同で調査することが多く、最近はその境界域を「骨考古学《こつこうこがく》」とよぶこともある。また、最新の人類学研究では、骨の成分についての理化学的な分析手法やＤＮＡを用いた新たな研究方法が導入されてきている。

調査メンバー

札幌医科大学が調査したのは、北黄金貝塚のA′地点貝塚。調査の中心は三橋公平《みつはしこうへい》、山口敏《やまぐちびん》といった教授で、そのもとに百々幸雄《どどゆきお》、鈴木隆雄《すずきたかお》、乗安整而《のりやすせいじ》、西本豊弘《にしもととよひろ》らが調査した。他大学から参加した片山一道《かたやまかずみち》を含めて、現在では人類学会の大御所たちが、若かりしころにここで発掘調査をしている。

また、考古学的調査を指揮したのは当時札幌医科大学の講師となっていた峰山巌である（図28）。第一次調査がおこなわれた一九六九年に峰山は六四歳で、実際の調査は当時研究生で後に助手となった大島直行が担った。

図28 ● 札幌医科大学の発掘調査
人骨をともなう墓の調査。前列中央が峰山、その右が伊達高校での同僚で、写真家の親友、掛川源一郎。

図29 • A′地点貝塚の調査

図30 • 遺物の取り上げ
写真右が三橋公平教授、中央が当時研究生だった大島直行、
左が乗安整而講師（当時）。

墓と人骨の調査

A′地点貝塚は、先にふれたように、縄文前期の終わりにつくられたカキを主体とした貝塚で、東西八五メートル、南北二〇メートル、深さ約五〇センチの規模である。

札幌医科大学の調査は、三メートル×二メートルの範囲を単位（グリッド）として一年に二～三グリッドを発掘していった（図29）。その結果、札幌医科大学の調査（図30）で一三体、一九八四年の伊達市教育委員会の発掘で一体、計一四体の人骨が見つかっている。

墓は楕円形で、なかには仰向けで手足を折り曲げた屈葬《くっそう》という姿勢の人骨が残っていた（図31）。縄文前期の墓の場合、装身具などの副葬品はあまり多くない。

しかし、4号人骨とした熟年男性の人骨には、首の近くからベンケイガイ製の装身具が見つかった（図32）。ネックレスとして遺体

図31 • 9号人骨
壮年の男性人骨が屈葬の姿勢で出土した。貝塚のカルシウムのおかげで、約6000年前の人骨だが保存状態がとてもよい。

につけた状態で葬ったのであり、この人は村のなかで特別な役割を担っていた人だったのかもしれない。

また、墓の上には七個の石皿が並んでおり(図33)、円筒下層式土器が一つ置いてあった。墓の上に石皿や土器を置くのはこの時期の葬送行為の特徴で、儀礼であるとともに墓標の意味もあったろう。多くの墓がほかの墓をつくる際に壊されることはなく、ある一定期間はそこに誰が眠っているのかがわかっていたのである。

なぜ貝塚に墓が

墓は貝塚を掘りこんでつくったものもあれば、貝塚の下からでてくるものもある。墓と貝塚との新旧関係は、墓を掘ったときの地面の高さと貝層との上下関係で決まるのだが、4号人骨の場合はほぼ同時期だということが

図32 ● 4号人骨
身長約164cmの壮年男性の人骨。首の近くに、ベンケイガイ製のネックレス2点が見える。

図33 ● 墓の上の石皿
上：4号人骨の墓の上には7個の石皿が伏せて置かれていた。
下：とりあげた石皿など。使用面を上にした状態。

図34 ● 埋葬のようすのイメージ画（画：羽原哲也）
貝塚と墓は同時期のもので、墓の土饅頭と貝塚はしだいに崩れて重なっていく。墓の上には底を壊した土器が置かれることがある。石と土器を用いた葬送儀礼は北海道の縄文文化に多く見られる特徴である。

わかる。それは、墓に供えられた土器のタイプと貝層中の土器のタイプがまったく同じであるからだ。もちろん、同じタイプの土器でも何十年も使われるのだから、「ほぼ同時期」とはいってもそれなりの時間差はある。

では、「ほぼ同時期」の墓と貝塚がしだいに重なりあっていく過程を思い浮かべてみよう。それは墓が貝塚中につくられる意味を考えるうえでのヒントになる。

あるとき、台地のてっぺんに貝塚をつくりはじめた。そして死者がでたとき、貝塚のとなりに楕円形の穴を掘り、遺体を屈葬の姿で葬り、墓の上には土を盛り、土器と石器を置いた（図34）。時間がたつにつれて、貝塚の貝と墓の盛り土は互いに崩れて混ざりあう。そうしている間にも、日々食べた貝や動物の骨をていねいに置き、積み重ねていく。しばらくすると一面に貝が広がった光景となる。

また死者がでると、崩れた貝と土が混ざった貝層を掘りこんで墓をつくる。そして盛り土と貝は崩れて混ざりあう。このくりかえしにより、貝塚と墓は同じ場所で重なるようになったのだ。

つまり、当初は貝の小山と墓の土饅頭《どまんじゅう》があちこちに重ならずにあったのが、縄文前期終わりのある一時期の風景なのだ。しかし、時間の経過とともに、崩れ、積みかさねをくりかえして一体化していったのである。

貝塚は安らぎの場

このようにていねいに埋葬し、土器などを供え、墓の上に数個の石をならべる墓が貝塚から見つかるのは、噴火湾沿岸のほかの貝塚、入江貝塚、高砂《たかさご》貝塚、礼文華貝塚などでも見ることができる。これについて峰山は、「貝にしろ、動物にしろ、土器にしろ、人間に役立って、この世に用を終えたものの安らぎの場が貝塚であって、貝塚をつくる行為と人間を葬る行為とは、その根底をなす精神において何ら変わるところがない」と述べている。

貝塚は「用を終えたものの安らぎの場」との考えは、北海道考古学の泰斗、河野広道《こうのひろみち》の考え方によっているのだが、峰山は、長年噴火湾沿岸で埋葬人骨や動物儀礼の跡の調査をおこなってきた実体験にもとづいた確信として述べている。

また大島直行は、心理学や宗教学、民族学の成果を援用して、墓穴は子宮をシンボライズしたものであり、さらに貝塚の貝自体も「水」と「再生」の象徴であるとして、貝塚に墓をつくることは死者の再生を祈願するためであろうと、縄文人の心性に迫っている。

私も、北黄金貝塚をはじめ市内の遺跡を発掘し、貝塚に残された動物儀礼の痕跡を目のあたりにするたびに、峰山や大島が調査して主張してきたことの正しさを実感する。その一例がポンマ遺跡における貝の出土状況だ。

ポンマ遺跡の縄文後期の貝層中には、一二頭分のシカの切歯《せっし》が集まった場所やシカの肩甲骨とクジラの椎骨が重ねて置かれた跡があるが、さらに興味深いのは、ホタテの貝殻が六枚重なって出土したことである（図35）。上三枚は表を上にし、下の三枚は表を下にした状態、つまり三つのホタテが入れ子状になっていた。このような状態は偶然ではありえない。重ねて置いてすぐに周囲が土や貝などで覆われたために、もとの位置を保ったと考えられる。

これは、貝塚に「置いた貝」があることを示した好例である。非常にまれな出土状態だが、さらにいえば、ふだん私たちが目にしている貝塚は崩れてしまった貝の層であり、本来はていねいに重ねて置かれたものだった可能性もあるといえる。

それを裏づける証拠が、同じくポンマ遺跡の近世の貝塚にあった。近世アイヌ民族がつくったこの貝塚は、一六六三年（寛文三）に降った有珠山の火山灰で覆われていた。貝の種類はすべてオオノガイで、貝塚の大きさは直径五〇センチほどの小さなもので、「貝集中」といったほうがよいかもしれない。厚さは三センチしかないことから、一度に食した貝のかたまりなの

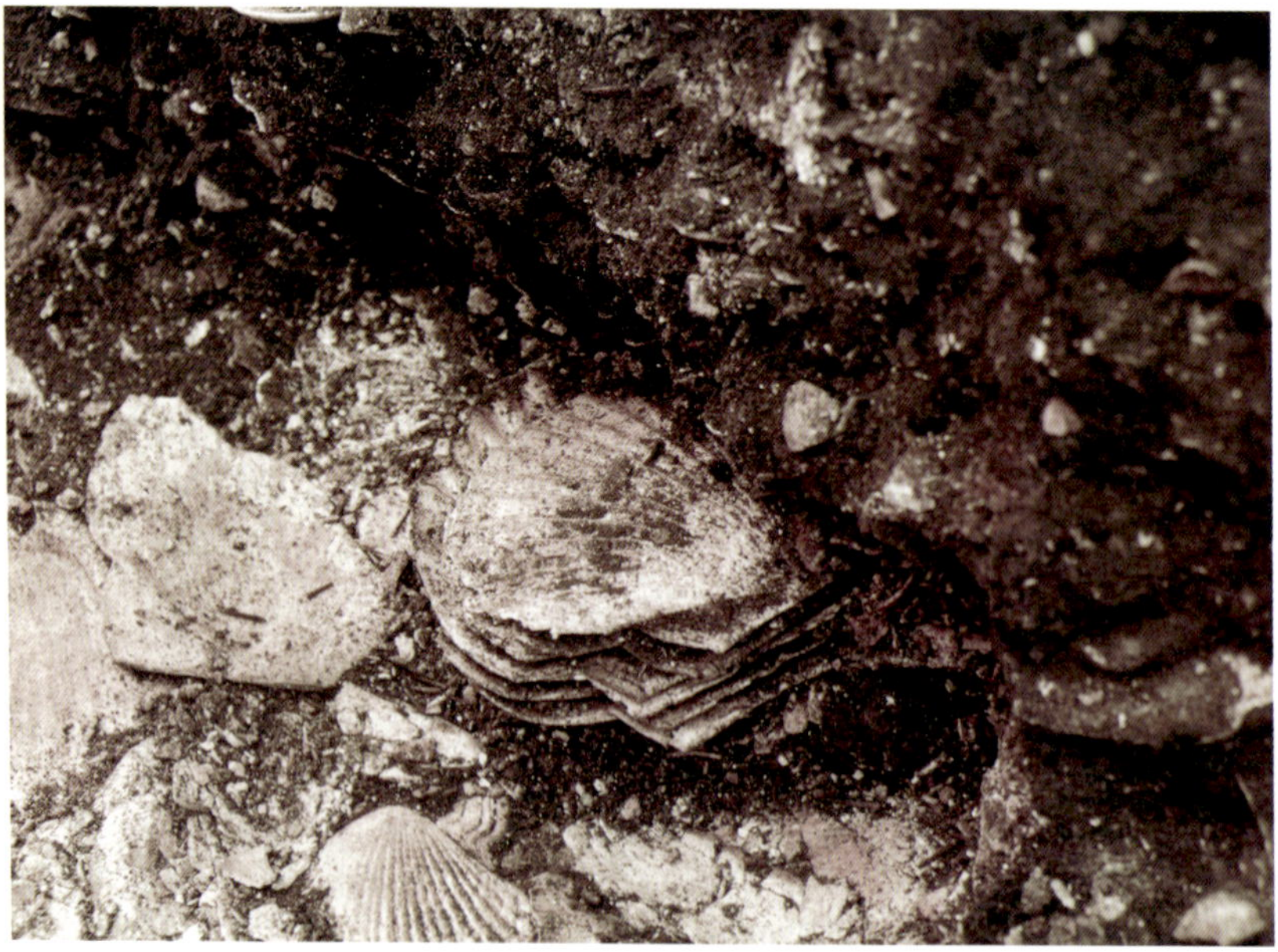

図35●重ねられた貝
伊達市ポンマ遺跡の縄文後期の貝塚。ホタテの貝殻が6枚重なって出土した。

であろう。

注目すべきは貝の出土状況で、すべての貝が内側を上にして四、五枚が入れ子状になってならんでいた。これはわざと重ねて置いたもので、直後に有珠山が噴火し、火山灰によりパックされたため、当時のままに残されたのだ。

私たちは、貝塚がごみ捨て場だという通説に対して、峰山のいう「安らぎの場」としての貝塚を再認識する必要があると思う。

不慮の死

そうしたなかで、A′地点貝塚出土の七号人骨は特異な姿勢で見つかった（図36）。壮年女性の人骨だが、両腕を胸の前でたたんで、楕円形の墓穴にうつ伏せに葬られていた。顔面を墓の底につけ、両足は膝を軽く曲げた状態で完全な屈葬にはなっておらず、足先は墓からはみだしている。

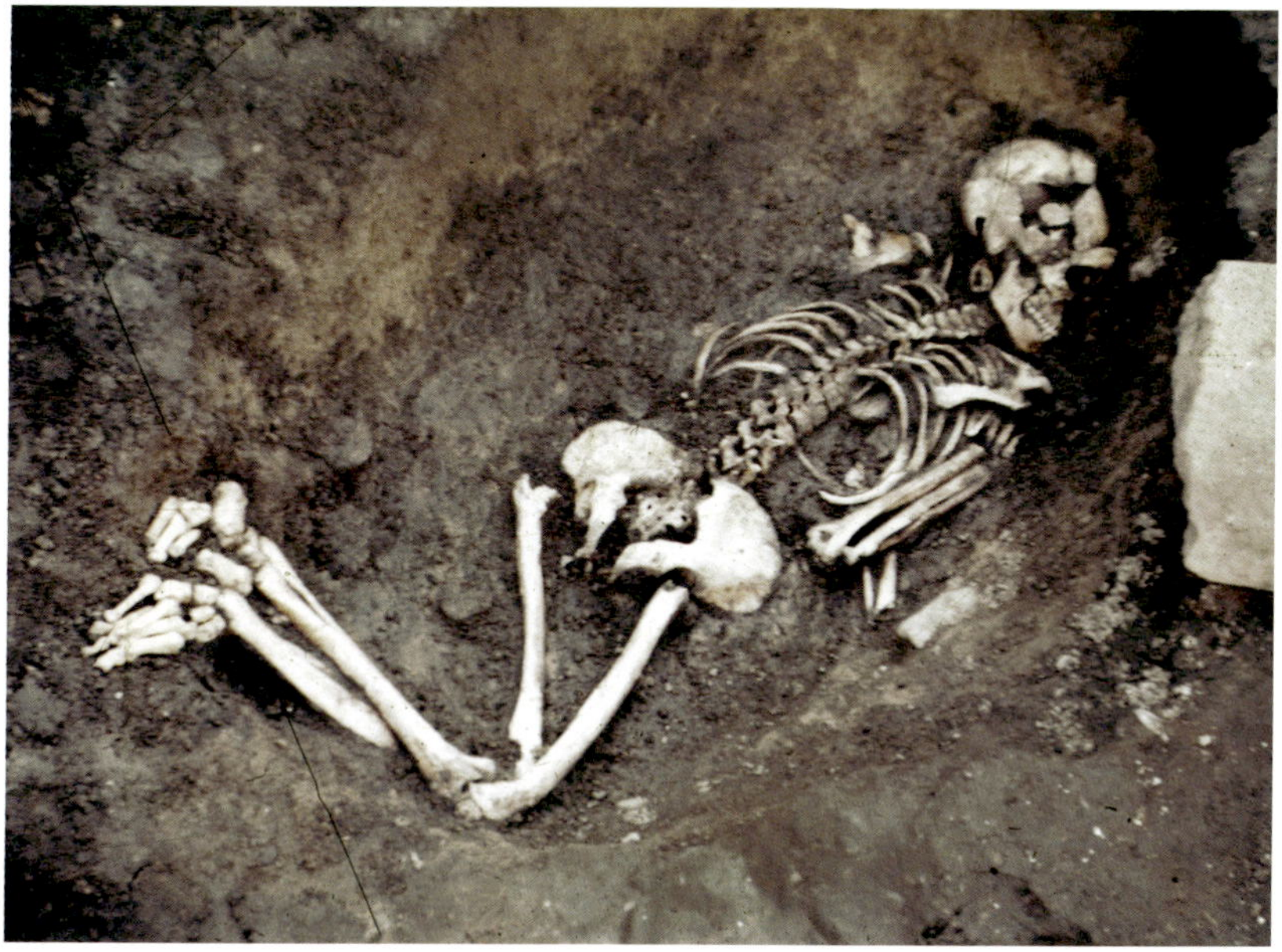

図36●7号人骨
壮年女性の人骨がうつ伏せの状態で出土した。
足は墓の外にはみだしている。

明らかにほかの墓とは姿勢が異なることについて調査をした大島直行は、山中などで不慮の事故に遭って発見が遅れ、死後硬直した状態で埋葬されたからではないかと推理している。死後硬直については、それが解けたときに屈葬にして埋葬すればよいように思うが、たしかに出産時に亡くなるなど不慮の事故であることを忌み嫌い、通常とは異なる頭位や姿勢とすることは十分に考えられる。

重要なのは、遺体の足が曲がらない状態であっても墓穴は楕円形で、形を変えていないことである。遺体を埋めるだけであれば、それに合わせた形に掘ればよいが、楕円形という形に意味があることを示している。突然訪れた不慮の死で、遺体は思うような形にならなくても、再生を祈願するために、楕円形の墓に葬ることが大事だったと考えることができる。

2　人骨が語るもの

北海道の人の成り立ち

北黄金貝塚から出土した縄文前期の人骨一四体は、骨の状態がよく、数もまとまって出土したことから、北海道の人骨を調べるうえでの基準としての役割を果たしてきた。縄文後期や晩期といった時代の新しい人骨が出土すれば、北黄金縄文人と形態的にどこがちがうのかを調べ、本州の縄文人とのちがいを考察するときにも真っ先に比較対象となった。

これは札幌医科大学の三橋、山口、百々といった歴代の教授たちが北海道の人の成り立ちを明らかにすることをテーマとしてきたことによる。札幌医科大学は道内の縄文時代の遺跡はもとより、有珠モシリ遺跡の調査で続縄文期（本州の弥生～古墳時代）の人骨を調べた。その結果、続縄文人は北海道の縄文人と近世アイヌ民族との中間的な形態であることがわかった。

その後の研究の積みかさねによって、北海道の縄文人は続縄文期や擦文期（本州の奈良・平安時代）の人びとをへて、後のアイヌ民族にまでつながることを科学的に明らかにした。この成果は、科学的事実を明らかにするという学問的成果だけではなく、アイヌ民族が北海道の先住民であることの揺るぎない事実として社会的に重要な意味をもっている。

何を食べていたか

人骨からはさまざまなことがわかる。性別や年齢、妊娠・出産歴などのほかに、病気や怪我の事例も多く見つかっている。骨折して治った痕やおそらく死因であっただろうガンの痕も骨に残る場合もある。

大島は縄文人の虫歯の研究をおこなっている。全国の縄文人の虫歯を調べ、地域的な特徴を調べた。その結果、北海道の縄文人は本州以南の縄文人とくらべて極端に虫歯が少なかった。本州の縄文人はクリやトチの実などのデンプン質食料を多く食べており、それが虫歯菌の栄養源になっていた。一方、北黄金貝塚などの北海道の縄文人たちは、魚や貝、オットセイやシカといった海産物と陸獣を多く食べていたため、デンプン質の摂取は少なく、虫歯は少なかったということである。

その後、人骨に含まれるコラーゲンを抽出し、炭素と窒素の安定同位体比を調べて、生前に何を多く食べていたのかを調べる分析法を用いて、北黄金貝塚の人骨が、長野県の北村《きたむら》遺跡などの人骨と比較検討された。

その結果、北黄金縄文人は海産物を七割、陸産物を三割という割合で食べていたという分析結果が出て、本州の縄文人にくらべて圧倒的に海に依存した暮らしであったことがわかったのである（図37）。

歯が抜け落ちたお婆さん

北黄金貝塚では、下あごの歯の多くが抜け落ちたお婆さんの人骨も見つかっている（図38右）。お婆さんといっても六〇歳くらいで、当時の平均寿命である

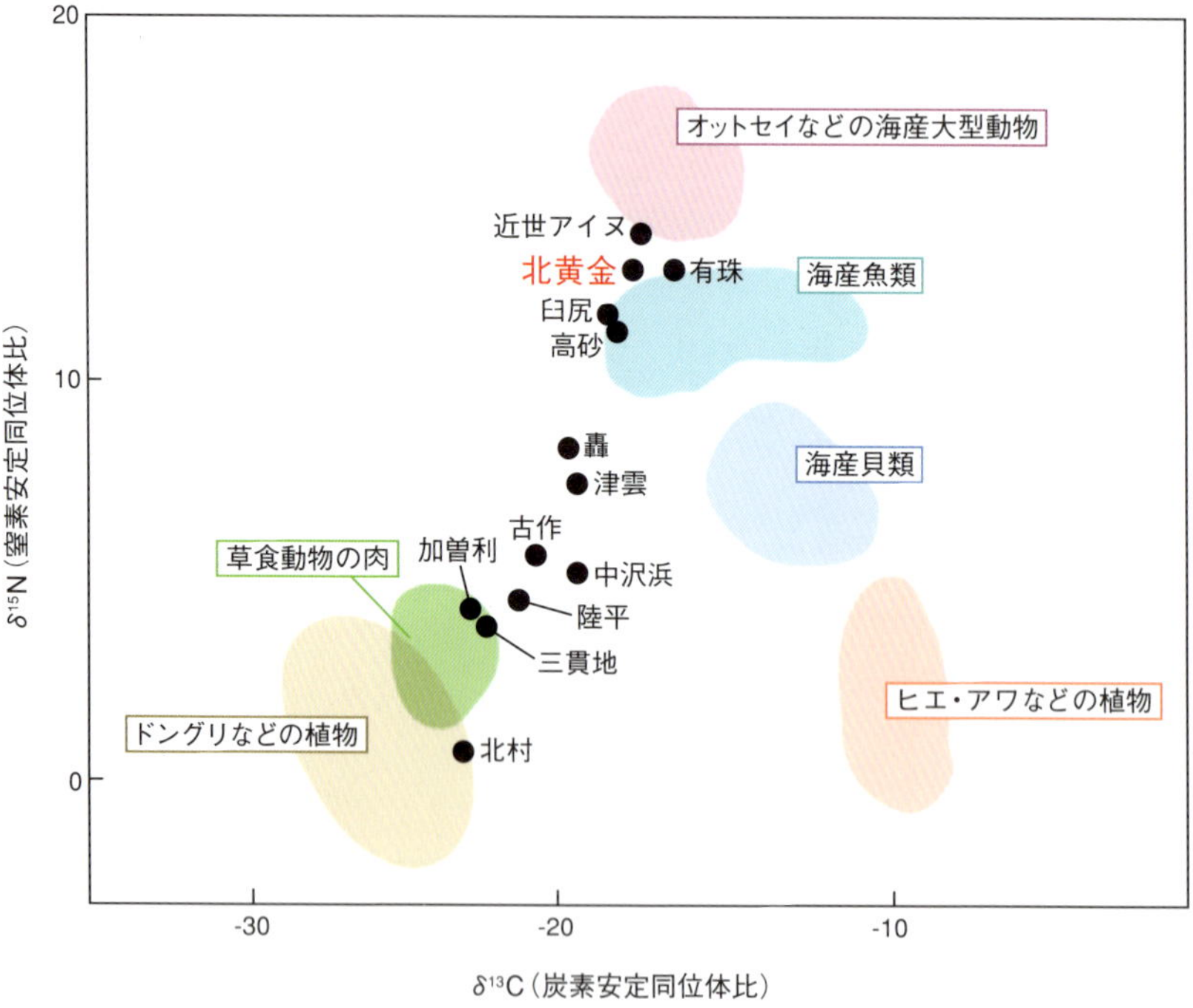

図37 • 人骨からわかる食物利用
北黄金貝塚の縄文人の骨を分析すると、海獣や魚介類を多く食べていたことがわかった。

三五歳からすると高齢だということである。食料の確保や食事をするときに、誰かの支えがあったことだろう。

隣町の入江貝塚では、縄文後期の墓から、病に冒された女性の人骨が出土している。頭骨の縫合のようすから、彼女の年齢は二〇歳前後の成人なのだが、腕と脚の骨が異常に細く、発育が止まっているばかりか、部分的に退化した状態であった。彼女は幼少期にポリオ（小児麻痺）を患い、寝たきりの状態で数年すごしたことになる。

彼女も誰かの支えによって生きた。親だけでなく、村の人びとが協力してできたことであろう。

この二つの人骨が教えてくれるのは、縄文時代の社会は弱った者を助ける精神をもちあわせていることだ。北黄金貝塚の歯の抜け落ちたお婆さんは、まわりの人びとの支えを受けながら、長年の経験と知恵によって村の人たちを助ける存在だったのかもしれない。

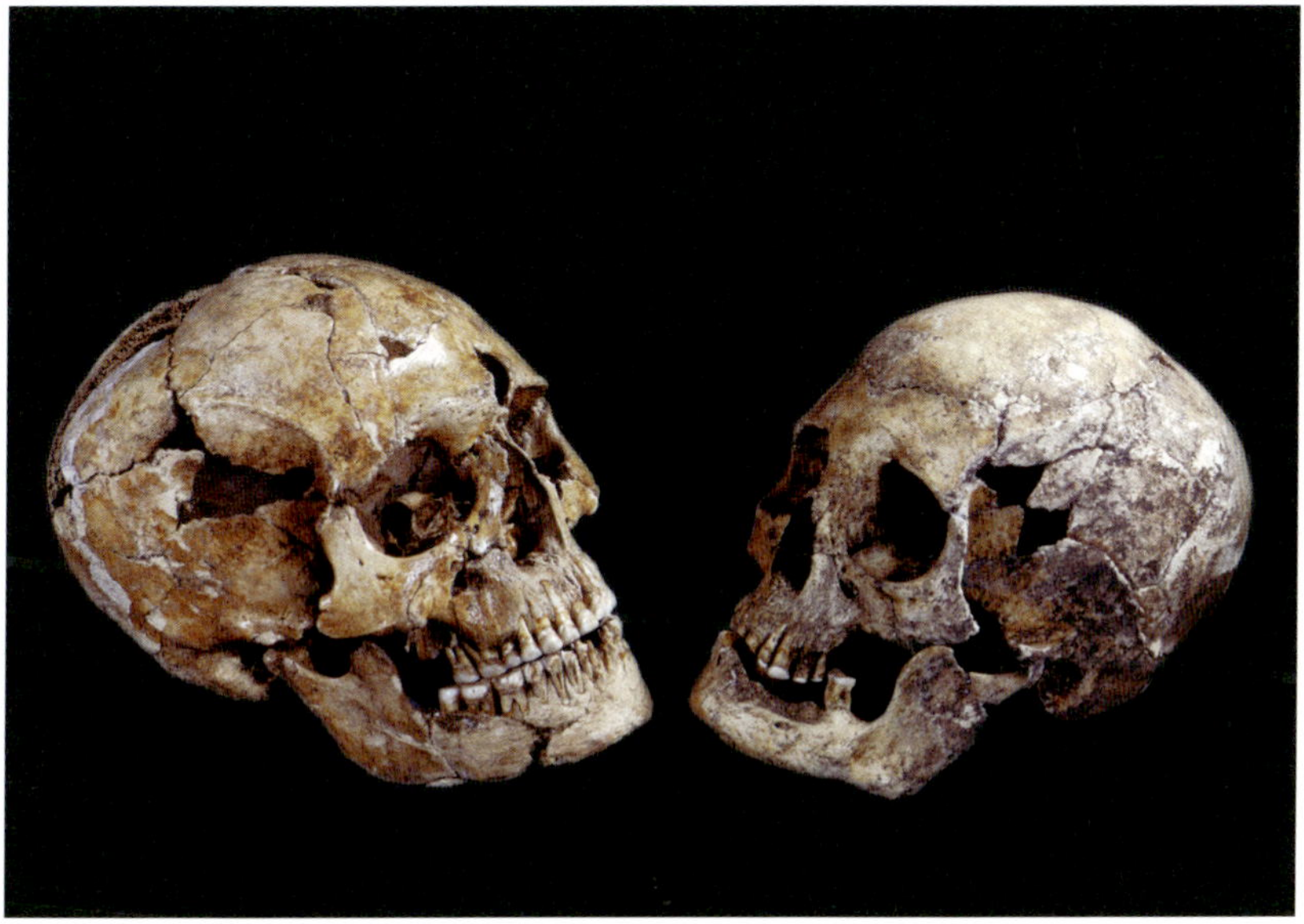

図38 ● 出土した縄文人骨
右の８号人骨は熟年の女性で、下あごの歯の多くが抜け落ちていた。左は男性人骨。

3　動物儀礼

貝塚を発掘すると人間の墓が見つかるだけではなく、動物の骨を用いた儀礼をおこなった跡に遭遇することもある。北海道の動物儀礼の痕跡で有名なのは、釧路市の東釧路《ひがしくしろ》貝塚で見つかったイルカの頭骨を放射状に並べたものだろう。縄文前期の貝層下部にあり、五頭のイルカの頭骨を口先を中央に寄せてならべてある。

北黄金貝塚でも峰山は、C地点貝塚の最下層部で、シカの頭骨《とうこつ》を六つならべ、まわりを礫でかこってあるのを発見している（図39）。後年、筆者らが調査した場所でも、貝層中のシカの頭骨に大型の土器片を被せてあることが多く（図40）、なかには頭骨の下にも土器片を置いて頭骨を土器で包んだ状態で見つかることもあった。周囲には、人の墓にも用いる赤色顔料（ベンガラ）をまいている。

この行為は、シカの頭部を霊魂の宿る場所と考え、それをていねいに祀ることで再生を祈願するという、アニミズム的思考をもとにした儀礼の跡と考えられる。頭を土器で包むのは、生まれる前の状態に戻す意図であり、土器に幼児の遺体を入れることや、成人を楕円形の墓穴に手足を折り曲げて埋葬することと通じている。

このような狩猟動物への接し方は、人が万物の霊長ではなく、自然のなかの一員として対等な位置にあるとの認識があるからだろう。そのようなこころのあらわれが動物儀礼だとすると、貝塚は自然とともに生きた縄文人の祈りの場であったといえる。

図39 ● シカの頭骨の出土状態
峰山巌らの調査で出土したシカの頭骨集中。

図40 ● C地点貝塚から出土したシカの頭骨
伊達市が実施したC地点貝塚の調査でもシカの頭骨が多く出土した。頭骨には角がついており、土器でおおわれていることもあった（2012年度調査）。

4　水場の祭祀

史跡整備のための調査

北黄金貝塚は現在、史跡公園として一般市民に公開され、毎年夏には札幌周辺からの修学旅行生らでにぎわっている。史跡公園がオープンする前の一九九六〜九九年には、伊達市教育委員会が発掘調査をおこなっている。

目的は史跡整備のデータを収集することにあったが、なかでも上坂台地と茶呑場台地のあいだの低地の湧水周辺を、縄文人がどのように使ったのかをさぐることが重要なテーマであった。私は、本書冒頭で述べた、はじめて訪れたときに気になっていた湧水点を調査していた（図41）。私に与えられた作業は、湧水点そのものを掘れというものだった。

この当時、全国各地で水場《みずば》遺構《いこう》といわれる低湿地の作業場跡が発見されていた。とくに埼玉県の赤山陣屋跡《あかやまじんやあと》遺跡のトチの実の水さらし場の発見は衝撃的で、縄文時代のものである木材を箱型に組んだ状態で出土し、近くにむいた後のトチの皮がたまっていた。木材や木の実の皮などは普通の遺跡では腐ってなくなってしまうが、低湿地の粘土層でパックされて空気にふれない状態ならば数千年たっても腐らずに残ることがある。缶詰と同じ原理だ。

これまでの北黄金貝塚の調査は台地の貝塚が中心であり、低地部分に何があるのかはわからなかった。もしかすると、水さらし場のような作業場や木製の道具などがでてくるかもしれない。そのような思いで調査の範囲を決めた。

水場の祭祀場の発見

湧水点から下流に一〇メートルの場所を選び、まずは五メートル四方を掘り下げることにした。湧水が流れるなかで地面を掘り下げるにはポンプで水をくみださなければならない。これには学生時代に低湿地の遺跡を調査した経験が大いに役立った。

調査を一緒に担当した加藤（旧姓小島）朋夏とともに、顔を泥だらけにしながらの作業がつづいた。その結果、縄文中期の住居のある小川の左岸に、川と住居をつなぐスロープと、ちょうど竪穴住居を半分にしたような半円形の掘りこみで床面が平坦な足場跡《あしばあと》が二カ所見つかった。やはり、縄文人は水

図41 ● 湧き水
クルミの木の根元から水がつねに湧きでている。湧水によって削られてくぼみとなったこの場所はまさに遺跡の「へそ」だ。

場を利用するための造作をしていたのだ。ここまでは予想の範囲内であった。

ある日、ある一角を掘っていた男性作業員たちが、重たそうに一つ、また一つと泥だらけの塊をもちあげては草の上に置いている。遠目で見ていた私はおかしいと思い、「何をとりあげていますか?」と聞いた。すると、一人が「石冠がでて掘りにくいんですわぁ」という。石冠、つまり擦石のことで、見るとすでに五、六個はとりあげている。本来は見つかったものは動かさずに置いておくものなのだが、泥にまみれてわからなくなってしまったらしい。

「掘りにくいのはがまんして、とりあげずに掘って」と言い、しばらくすると、調査区の角に擦石と石皿が二〇個ほど山になってあらわれた。

これはただごとではないと直感した。すぐに大島に電話をし、礫石器《れきせっき》の山は近世の火山灰に覆われており後の時代に積みかさねられたもの

図42 ● 礫石器の山
最初に見つかった礫石器の集中箇所。ここからさらに広範囲に存在していることがわかりはじめる。

ではなく、縄文時代のものだと思われること、礫石器は未調査区につづいてまだ広がる可能性があることを興奮しながら報告した。翌日、まずは五メートル四方に範囲を広げて掘り下げてみた。すると一面に擦石と石皿があらわれた（図42）。掘れば掘るほど礫石器の山が広がる。不思議なこともあるものだと思いながら、でてきたものは一つも動かさずに掘り下げていった。

私たちはこれを「礫石器集中遺構」と名づけ、その範囲を調べたところ、結果的に東西三〇メートル、南北一〇メートルにわたっていることがわかった（図43）。そして、約二〇〇平方メートルの調査区のなかに、一二〇九個の礫石器が含まれていた。

擦石と石皿の出土状況

何も手を加えていない自然の礫も多いのだが、平均して一平方メートル中に礫石器が六点も出

図43 ● 水場の祭祀場
約200 m²の調査区から自然の礫とともに1209個の礫石器が見つかった。
擦石はみな壊れており、石皿は使用面を地に伏せた状態で置かれていた。

土するのは通常では考えられない状況である。これが何をあらわしているのか、思案に暮れる日々がつづいた。

礫石器の山には擦石と石皿とともに、たたき石、石鋸《いしのこ》（原石を擦り切る道具）、擦石の未成品も含まれていた。擦石のつくりかけが出土するということは、この場で石器を製作した可能性があるということだ。たしかに、湧水の流れによって土が流され、地中にあった安山岩が顔をだしており、原材料がとれる場所でもあった。石器製作の道具である「たたき石」もあることから、その可能性は非常に高いといえる。

一方で、擦石と石皿の出土状況からもある傾向が見うけられた。私たちはこの礫石器の山をすべて図面にとり、また石器一点ずつの台帳を作成して壊れ具合などの特徴を記していった。擦石がたまたま壊れたのか、わざと壊されたのかを調べることで、この遺構の性格を知りたいと考えたから

図44 ● 擦石の出土状況
擦石が6個、右上に石皿が1個写っている。1個1個調査したところ、擦石はほぼすべてが壊れていた。

だ。この地道な作業は加藤調査員の執念でおこなわれたといってもよい。

その結果、擦石はほぼすべてが壊れていた。壊れ方は作業中に割れやすい擦り面近くの角が多いのだが、なかには擦りつぶし作業と無関係な力の入れ方によって壊れたものもあった。つまり、わざと壊したと考えられる擦石もあったのだ（図44）。

また、石皿は壊れているものもあるのだが、くぼんでいる使用面を下にして地に伏せた状態で出土している。石皿のなかには裏表の両面を使用したものもあったが、その場合は横向き、つまり使用面が上向きにも下向きにもならない状態で出土した。

礫石器の墓地

さて、この「壊された擦石」と「伏せられた石皿」は何を意味しているのだろうか。

図45 ● 擦石と石皿、本来の使い方
写真のように石皿は本来、くぼんだ面を上にして、そこに堅果類などを入れ、擦石で砕きすりつぶすものである。写っている人物は上坂竹次郎氏の息子勉氏。勉氏も畑からでてきた礫石器を大切に保管していた。

湧水の近くが作業場であることは考えられるが、三〇メートル×一〇メートルの広さと膨大な石器の数は規模が大きすぎる。むしろ、湧水近くも含めて、村のなかで使った礫石器を最後にこの場所に集めたと考えたほうがいいだろう。使用途中で壊れた擦石もあれば、年に一度かはわからないが、使用する期間がすぎたものはわざと壊してこの場に置いたのだ。

そして、石皿が伏せられた状態で出土する場所がもう一カ所あることが思い浮かぶ。それは貝塚のなかの墓だ。墓の上には、底をわざと壊した土器とともに、石皿を伏せて供えている。石皿には擦石がともなうこともある。

これは墓標でもあるのだが、葬送の最後を締めくくる儀礼としておこなわれている。擦石を男性、石皿を女性ととらえて、再生のシンボルとしているのだろう。女性と子宮の意味をあわせもつ石皿を伏せて遺体を包みこんでいる。また、逆さまにすることはふだんとはちがう状態に変化させることで、「命の終わり」の表現でもある。

礫石器の山の石皿も、ふだんの状態とは真逆だということ、つまり「使命を終えた」ことをあわらしたものではないだろうか。そう考えれば、擦石は壊すことで、石皿は伏せることで役目を終えたことを示すのであり、この場が「礫石器の墓地」としての意味をもっていることが理解されるだろう。

他界との境目

礫石器の山のなかからは、不思議なものがいくつか見つかっている。一つは底のない土器が横倒しになり出土した場所が四カ所あった。また、線刻礫《せんこくれき》とよばれる、乳白色の円礫などに故意に傷をつけたものを含む五つの礫がまとまって出土している（図46）。このような行為は全国各地の遺跡でも見られるもので、縄文人がおこなった儀礼の跡だと考えられている。

ということは、この湧水点にある礫石器の山は、役目を終えたそれらの「魂を抜く」、あるいは「供養する」儀式を、くりかえしおこなってできたものだといえる（図47）。

では、なぜ湧水点にこのような供養の場ができたのだろうか。理由の一つに湧水点自体が、水を生みだす場として神聖視されていたことがあるだろう。湧水点の祭祀場や儀礼の痕跡が残された縄文遺跡は多くある。

また、先に述べたとおり、湧水周辺は礫石器の原材料がとれる場所であり、未成品があるように、石器が生まれた場所でもあるのだ。つまり、役目

図46 ● 線刻礫
礫石器集中遺構から5つまとまって出土した。左から2番目の礫は故意に傷をつけた線刻がある。

図47 ● 水場の祭祀のようすのイメージ図（画：羽原哲也）
水場では底の割られた土器が礫石器にかこまれて出土した場所が4カ所あった。土器を用いた儀礼がおこなわれた跡なのだろう。石皿と擦石を積みかさねた場所もあった。

を終えた石器は生まれた場所に帰すことで再生を願うのである。実際、擦石のなかには石皿を再加工してつくったものもある。

この湧水周辺には命のはじまりと終わりの両方が入り混じっている。このことは北黄金貝塚の縄文人たちが、湧水点をこの世とあの世の境界としてとらえ、再生をかなえる場として神聖視していたことをあらわしているのだろう。

湧水点は飲み水として大切であるばかりでなく、こころの問題として重要な位置を占めていたといえる。この湧水点は文字どおり北黄金貝塚の中心にあり、この湧水点があったからこそ二〇〇〇年間も、ここで村を営みつづけることができたのである。

なお、礫石器の山からは縄文前期の土器と石器しか出てこない。近世の火山灰が降る前まで、礫石器は川の流れでつねに土が流され、地上に顔をのぞかせていた。湧水周辺には縄文中期に住居がつくられた。そこに住んだ人びとは、この礫石器の山を間近に見ているにもかかわらず、そこに土器や石器をもちこまなかった。おそらく、千年以上にわたって築かれた「礫石器の墓」は縄文中期の人びとにとっても異様であり、恐れ多いものであったのだろう。

第4章　縄文人の暮らしに迫る

1　縄文人の食卓

森のなかに生きる

現在の北黄金貝塚は史跡公園として整備され、広大な草地のなかに貝塚や竪穴住居を復元してある（図48）。夏の晴れた日には、雲の浮かぶ青空のもと、起伏に富んだ台地に広がる緑が映え、そこに立つ者のこころを解放してくれる。

しかし、このような雄大で北海道らしいといわれる景観はかつてこの地が牧場と畑であったなごりであり、縄文時代の景観とは異なる。

縄文前期のはじめころ、伊達市は現在の宮城県あたりの気候であったと考えられることから、北黄金の丘には落葉広葉樹の森が広がり、冬は雪が降るものの積もるほどではなかっただろう。北黄金縄文人は暮らしのために、住居や貝塚の近くの森をどの程度伐採していたのだろうか。

住居の周辺だけ木を切り、貝塚は森のなかにつくった可能性も否定できない。つまり、草原ではなく、森のなかで生きていたというほうが実態に近いだろう。事実、貝塚からは炭化したクルミの実やドングリが出土している。

ところが、縄文人がよく利用したとのイメージの強いクリが今のところ北黄金貝塚では見つかっていない。クリはもともと北海道には自生せず、縄文前期に縄文人が本州からもちこんだと考えられている。函館市の大船《おおふね》遺跡では縄文前期のクリの実が出土しており、その後、日本海側の小樽市までクリの分布は広がっていく。将来、北黄金貝塚でもクリがあった証拠が見つかるかもしれない。

落葉広葉樹の森で北黄金縄文人は、日々どのような暮らしをしていたのだろうか。遺跡全体の約三パーセントしか発掘していないが、可能なかぎり北黄金縄文人の暮らしに迫ってみよう。

図48 ● 現在の北黄金貝塚
かつて牧場と畑だったために草原となっているが、縄文時代は鬱蒼とした森だったはずだ。しかし、丘の起伏や貝塚と海の位置を一目で理解できる現在の景観も美しい。

海の幸・山の幸

森のなかに生きたといっても、すぐ間近には海が迫っていた。前浜では、豊富な海の幸をとることができた。今からおよそ六〇〇〇年前の縄文海進がもっとも進んだころは、木の繊維をより、石の錘をつけた網で、漁をしていた。丸木舟に乗り、力をあわせてスズキやマグロ、ヒラメやカレイなどをとったのは男たちであったろう（図49）。海辺の砂浜では七センチもある大型のハマグリやコタマガイをとった。

今から五〇〇〇年前ごろになると、海がしだいに退き、気候は冷涼になった。沖合の岩場にはオットセイのメスとオスの若獣があらわれるようになり、銛を使ったオットセイ猟をおこなった。オットセイの肉は冬から春の主食として、北黄金縄文人の腹を満たしたことだろう。

図49 ● 出漁のイメージ画（画：羽原哲也）
台地上の南側斜面に集落があり、海での漁のために、毎日台地を上り下りしていたことだろう。

そして、夏になると、卵巣が成熟するウニを集中的にとった。貝塚からは一〇センチを超える分厚いウニ殻の層がほかの貝の層と交互に積みかさなっている。貝塚から出土するカキやホタテ、ホッキなどの貝は現在のものよりもみな大ぶりである（図50）。小さなものまでとりつくさないで、自然の生態系にダメージを与えない範囲をとっていたことがわかる。

海の幸はそれだけではない。カニだ。カニの殻はキチン質という非常にもろい材質なので遺物としては滅多に残らないのだが、北黄金貝塚では比較的硬い爪の部分が出土している。つまり、北黄金縄文人は毛ガニを食べていたのだ。

また、ウニが大量にとれたということは、ウニの餌となる海藻も生えていたことを示しており、昆布やワカメ、海苔なども利用したことだろう。黄金という地名がアイヌ語の「昆布のとれるところ」という意味であることは、すでに紹介した。

図50 ● 貝塚のなか
大きなホタテの貝殻の上下にある層が、ウニの殻と棘だ。
北黄金縄文人は夏にはウニを集中的にとって食べていた。

一方、春の野草、夏から秋のキノコ、木の実など山の幸も利用していただろう。しかし、実際に遺跡から出土するのはクルミの実くらいである。縄文前期の終わりごろの人骨を調べた結果では、食べものの八割が肉や魚介類で、残りの二割程度が植物質食料であった。

また、貝塚からはシカやクマなどの陸獣や鳥の骨も見つかっており、これらの猟もしている。台地の頂部では、長さ一メートルを超す細長い落とし穴が見つかっている。シカをとるために通り道に仕かけたのであろう。

竪穴住居のなかで

縄文前期の竪穴住居は、台地のてっぺんにある貝塚よりも少し斜面を下ったあたりにある。現代人の発想では食べた滓《かす》の貝殻や骨はゴミであり、斜面の下へ投げ捨てるのが普通だろうが、貝塚は住居よりも高い場所につくられており、私たちの世界観とは異なるアニミズム的世界観のうちに生きていたことを知ることができる。

縄文中期になると、住居は湧水点のあるすぐ脇に、同時期に五軒つくられたことが、住居の平面形や炉（囲炉裏）に埋めこまれた土器のタイプが同じであることからわかっている。この住居は縄文中期の終わりの時期で、北黄金縄文人たちが台地を去り、より海に近い砂丘の上で暮らすようになる直前の住居であった。

竪穴住居のなかでは、さまざまな作業をしていたことだろう。とくに冬場は、家のなかで暮らすことが多くなる。女たちはシカや鳥の骨でつくった縫い針を使い、衣類を縫い、場合によ

図 51 ● **出土した祭祀道具**
上：鯨骨製の骨刀。火を受けて熱により曲がっている。本来はまっすぐだったと考えられる。金属の出現以前に刀のかたちをした道具が存在したことを示している。
下：縄文前期半ばのスプーン状の製品。その模様は続縄文期のものと共通している（図 3 参照）。

っては刺繡をしたりしていた。また、着るものの材料はなめした獣の革や樹皮の繊維、シカの腱《けん》などだ。毛皮も動物の種類によって適材適所で使い分けをしていただろう。

近代のアイヌ民族はシカの毛皮で靴をつくっている。これは雪山を上るときには毛が逆立って登りやすく、下り坂は毛の流れに沿ってすべるため、スキーのように滑り降りることができる。また、クマの毛皮は虫を寄せつけないといわれ、乳児の衣類に使われた。狩猟採集民の大先輩である縄文人も、さまざまな知恵をもち、工夫を凝らしたことだろう。

男たちは、オットセイ猟用の銛やヤスの製作、メンテナンスの仕事がある。欠けた石斧の研ぎなおしや黒曜石《こくようせき》や頁岩《けつがん》製のナイフの刃を整えたりした。クジラの骨の刀やスプーン状の製品などの祭祀道具（図51）も、竪穴住居内でじっくりと時間をかけてつくったのかもしれない。この刀は中国で金属の刀が生まれる以前のもので、何かをまねてつくったものではない。

これらの道具は日常の道具である銛や縫い針などとくらべると出土数が極端に少なく、特別なものであることがわかる。縄文前期の鯨骨製の骨刀《こっとう》は、北海道内では函館市の戸井《とい》貝塚や大船遺跡出土のものを含めて五例しかない。

2　祭祀と贈り合い

祭祀道具の最後

縄文前期終わりの三つの貝塚（A地点、A′地点、南斜面貝塚）にかこまれた場所（図13参照）は、削られて平坦になり、遺物の少ないところである。小林達雄は、神聖な場所だからこそ汚されていないのだと、丘の上の貝塚周辺が特別な場所であることを示唆している。

図51のクジラの骨でできた刀やスプーン状の製品は、丘の上などの特別な場所で使われたのかもしれない。この刀は貝塚中の灰のなかから出土している。表面が灰色がかり、横から見ると曲がってところどころにひびが入っている。これは火を受けて熱により変形したためで、本来はまっすぐだったと考えられる。

つまり、あるとき貝塚の近くで火を焚いて、そのなかに投げ入れたということだ。これは長年使っていた祭祀道具の最後にあたり、火を用いた儀礼をおこない、燃やすことでその煙に乗せて魂を帰す意図だったのであろう。幸いにも北黄金貝塚のクジラの刀は完全には燃え切らずに残ることができたが、有機物でできた祭祀道具のなかには、このような儀式により失われたものもあると思われる。

一方、スプーン状の製品は貝層中から出土している。火を受けた痕跡はない。しかし、スプーン状の製品はどれも破片の状態で出土し、完全な形をしたものはない。これも物の魂を抜く方法の一つと考えられる。火のなかに投げ入れて燃やしたり、石皿を逆さにして地に伏せたりするのと同じ行為だ。

なお、スプーン状の製品は、約四〇〇〇年後の続縄文期のものと非常に似た形をしている。図3の有珠モシリ遺跡から出土したクマの彫刻がついたスプーン状の製品にも、柄に縦の透かし彫りがあり、左右の縁に二個一対の突起がついている。このように長い年月をへても大きく形態が変わらないのは、ながく大切に受け継がれた祭りの道具であるからにほかならない。

ものの贈り合い

北黄金貝塚の縄文人たちは、村の周辺だけですべての用事をすませていたわけではない。時には丸木舟を駆使して隣村へ出かけることもあっただろうし、逆によそからの客を迎えることもあっただろう。それを示すのが黒曜石や頁岩、ベンケイガイ、タカラガイといった、村の周辺では手に入れられないものの存在である。

北黄金貝塚では、ナイフなどの石器をつくる石材の九〇パーセントが頁岩で、残りは黒曜石だ（図52）。頁岩の産地は噴火湾西岸の長万部町から川沿いに日本海側へたどった今金《いまかね》町にある。旧石器時代の遺跡である美利河《ぴりか》遺跡（国史跡）の近くを流れる茶屋《ちゃや》川で拾うことができる。一方、黒曜石は、北海道東部の白滝《しらたき》産と置戸《おけと》産が多く、まれ

図52 ● 石器の水洗い
見学にきた子どもたちが出土した石器の水洗いを手伝っている。黒いガラス質の石が黒曜石、緑色は石斧の素材である緑泥片岩、ほかの茶や白、黒色は頁岩。

に道南西部の赤井川《あかいがわ》産を使っている。遠く離れた原産地のものも手に入れていることは、黒曜石に対する色や質のこだわりが強いということだ。

縄文人は希少性のあるものへの憧れがあるとともに、色彩のシンボリズムにもとづいて材料を選択している。精神生活の安定を重視したもので、現代の合理的な考え方だけが通用する社会ではない。

さらに、遠くからは本州に棲息するベンケイガイや、さらに南の暖海産のタカラガイが出土しており（図53）、遠隔地との交流、あるいはリレー式でのものの流れがあったことを示している。

青森県の日本海側にある田子屋野《たごやの》貝塚では、ベンケイガイの腕輪の未成品が多く見つかっている。田子屋野貝塚でつくられた貝輪が噴火湾沿岸まで運ばれた可能性が考えられる。

これらはどのようにして各村へもたらされたのであろうか。

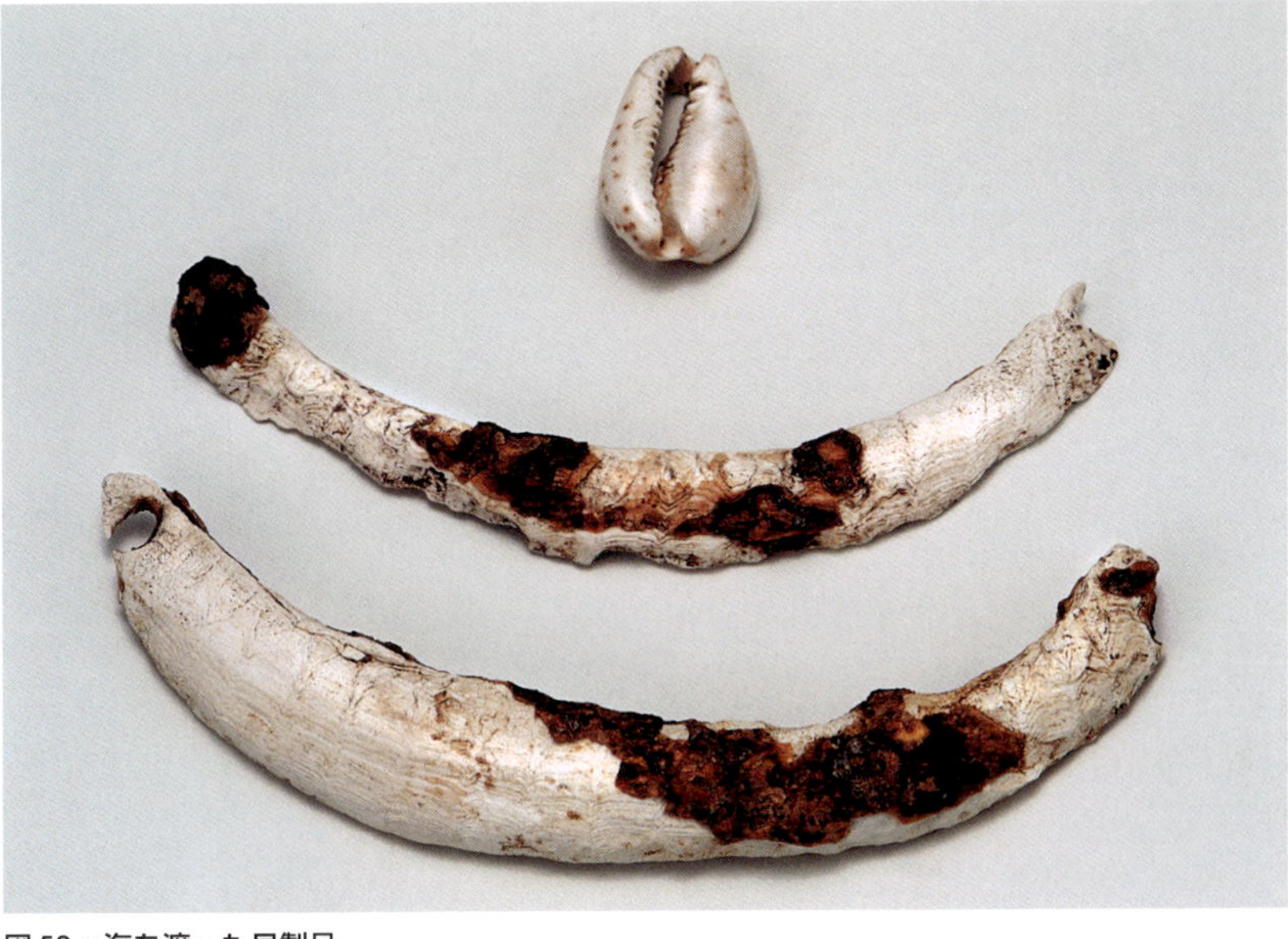

図53 ● 海を渡った貝製品
暖海産のタカラガイ（上）と、本州以南に生息するベンケイガイ（中・下）のネックレス。

狩猟採集社会では、とった獲物を村の人びとと分けるのは当然のことであり、狩りや漁に行けなかった人についても分け与えることは、エスキモーなど世界の民族例でよく知られている。クジラなどの大型の獲物を複数の村人でとった場合も、もちろん分け合ったことだろう。

その延長で、石材や毛皮など生活に必要なものについても「贈り合い」によって村から村へ移動していったと考えられる。「贈り合い」は長い目で見れば物々交換と同じような特定産品のやりとりとしてとらえることができるかもしれないが、等価値であることを前提としていない点と、もののやりとりに時間差がある点が物々交換とは異なっている。狩猟採集社会において、人と人、村と村の社会的な関係を築くために必要な仕組みなのだ。

また、もののやりとりは日常的というよりは冠婚葬祭に際しておこなわれることが多かっただろう。たとえば、祭祀道具としてとらえられている玉類などは、婚礼時に一方の家から贈られるか、あるいは返礼として贈ったことも考えられるだろう。

3　小さな集落

小規模な集落

北黄金縄文人が上坂台地と茶呑場台地に住んだのは、縄文前期と中期の約二〇〇〇年間だった。縄文前期については五カ所の貝塚の変遷が示すように集落が移り変わっていったことを述べてきた。その要因として、縄文早期から温暖化することによる海水面の上昇と、前期半ば以降に寒冷化したことによる海岸線の後退にあることをあげた。

さらに、気候と地形の変化は陸の植生や動物相、海流や海洋生態系にも連動しており、縄文人の暮らしに大きな影響を与えた。しかし、彼らが変わらずそこに住みつづけ、集落を維持できたのは、小規模な集落であったからである。小規模であるから、環境の変化に柔軟に対応できたものと考えられる。

北黄金貝塚では縄文前期の住居は三軒しか見つかっていない。比較的広い範囲を調査した縄文中期終わりの住居跡でも同時期に最大五軒しか建っていなかったと考えられている。人口は二五人から三〇人くらいの小さな村だったのだ。

峰山巌は「足るを知る」を自分の好きな言葉としてあげている。おそらく、縄文人をはじめとした狩猟採集民の生き方をもっともよくあらわしているからであろう。峰山は「足るを知る」の例として、中央アフリカの狩猟民のカモシカ猟をあげている。

狩猟者たちは、カモシカを三頭つかまえた時点でそれ以上とるのをやめた。とる気になればそれ以上可能であり、大猟が期待された。しかし、そうしなかった理由は「これ以上カモシカを追いかけると、私たちも疲れる、森も疲れる、カモシカも疲れる」からだという。

縄文人も同様の思考、哲学をもっていたのではないだろうか。そして、この「哲学」が自然環境の変化に即した生き方を可能にしたのである。縄文前期半ば以降は寒冷化が進み、海がしだいに引いていくと、棲息する貝の種類も変化した。すると、海産資源だけではなく陸の動物にも目をむけ、シカ猟が盛んになる。このとき縄文人たちはほぼオスジカに限ってとっている。

シカの繁殖を妨げない工夫であったのだろう。

時期と環境により種類は変わるものの、魚、貝、海藻、海獣、陸獣、鳥、木の実、野草など多種多様な食料資源をまんべんなく利用した。それは自分たちが必要とする量を自然から分けてもらうのであり、自然の生態系が維持されてはじめて自分たちも生きていられることを知っていたのだ。むろん、富の蓄積などを目的として種を根絶やしにするようなことは考えも及ばない。これが年々変化する気候に対する北黄金縄文人の対処の仕方だったのである。

村の終わり

縄文中期終わりの住居跡五軒が、この台地に縄文人が住んだ最後の住居だった（図54）。それまで水場近くに住居をつくることはなかったのに、中期には水場近くに住居をつくり、水場とのあいだに貯蔵用の穴を掘り（図55）、水汲み作業などをしやすいようにスロープや足場を造作している。貯蔵用の穴のとなりからは、擦石と石皿があたかも昨日まで使われていたかのような状態で出土している。

その後も、後期や晩期、続縄文の土器などが出土するので、まったく利用されなくなったわけではないが、生活の舞台はかわった。縄文後期・晩期の人びとは海寄りの砂丘列に移動していく。

北黄金貝塚の西側に隣接した小砂丘には、北黄金3遺跡というこの時期の遺跡があり（図5参照）、ここからはヒスイや蛇紋岩《じゃもんがん》、メノウでできた玉類や縄文晩期の土偶《どぐう》が採集されている

図54 ● 縄文中期の竪穴住居
平面は楕円形で、掘りこみは浅い。炉には縄文中期終わりの
土器を使った土器埋設炉が設けられていた。

図55 ● 貯蔵用の穴
縄文中期の竪穴住居と湧水の流れとのあいだから、たくさんの掘られた穴が発見された。
なかに植物質の遺物はなかったが、貯蔵穴ではないかと考えられている。

（図56）。台地を去ったのであるが、この黄金地区にはその後の遺跡が多く残されている。暮らしの中心は移ったけれども、この地域に縄文人が住みつづけたのはまちがいない。

図56●縄文晩期の遺物
台地よりも海側にある砂丘から、縄文晩期の玉類（上）や土偶・石剣（下）が見つかっている。

第５章　北黄金貝塚のこれから

1　市民参加の公園

縄文キャンプ

北黄金貝塚は一九八七年に国史跡に指定された。これは峰山巌が行政に働きかけたことや指定に同意してくれた地主上坂家の協力により実現したものだった。その後、伊達市は、先にふれたように史跡整備のための発掘調査をおこない、それをもとに史跡公園をつくった。

史跡北黄金貝塚公園は、現在残っている地形や景観を活かし、さらに縄文の雰囲気を感じられるよう工夫している。貝塚は、保存した上に現生の貝を用いて復元し、その位置と大きさを示すとともに、二カ所の貝塚で貝種をかえることで時期と当時の気候がちがうことをあらわした。

水場の祭祀場とよんでいる礫石器が大量に出土した場所は、発掘当時の状況の一部をそのまま見ることができるよう、露出展示している。遺物の保存のためのメンテナンスは大変であるが、見学者に与える説得力は本物に勝るものはない。

竪穴住居は上坂台地の南斜面にある縄文前期のものを調査して復元したかったが、想定外の水場の祭祀場の発掘で手間どり、調査できずに断念した。そのかわりに水場周辺の縄文中期の住居三棟を、発見した真上に復元した。

この竪穴住居では毎年、夏休みに「縄文キャンプ」と称して、小・中学生が泊りこみの行事をおこなっている。自分でつくった黒曜石のナイフでサケをさばき、火起こし器で起こした焚火であぶって食べる。食事の後にはホタテの殻や魚の骨を貝塚へもっていき、感謝の祈りを捧げる儀式をおこなう（図57）。

実際の遺跡の上で、時間を気にせずにすごすことができるこのイベントは、縄文人・縄文文化についての理解を深めることができるものである。た

図57●「縄文キャンプ」貝塚での儀礼
自分たちが食べたホタテの殻を貝塚に運び、ていねいに重ね置く。
貝塚の意味を考える大事なプログラムだ。

んに道具づくりの技術や知識を身につけるのではなく、貝塚のもつ精神文化や縄文人が生きたアニミズム的世界観にも気づいてもらいたいとの意図である。夜の闇、満天の星、木々のざわめき……太古の世界に想いをはせるための絶好の環境が整っている。

だて噴火湾縄文まつり

史跡整備にとりくみはじめたところ、担当者であった大島直行のもとに、浪越朗、洞口雅章という二人の男が訪ねてきた。市内の商店主でまちづくりに関心の高い人たちであった。彼らは、まちの資源として「縄文」を活かしていくべきだと訴えた。そして「噴火湾考古学研究会」という民間の考古学サークルを立ちあげ、学習会や遺跡見学会などを企画し、さらには噴火湾沿岸の遺跡ガイドブックの作製にものりだした。

そのなかから生まれたのが「だて噴火湾縄文まつり」だ。一九九八年九月、史跡北黄金貝塚公園がオープンする三年前からスタートし、以後、毎年おこなわれている。

祭りは、シンポジウムやコンサート、縄文にちなんだゲームやクイズ大会などをおこなうもので、学びと遊びを両立した構成になっている。毎年異なるテーマを決め、第一回は「衣」として「縄文ファッションショー」、第二回は「食」として「縄文料理コンテスト」、第三回は「住」として「縄文住居づくりコンテスト」をおこなうというユニークな祭りとして話題となった。近年は、ホタテの貝殻を投げて距離を競う「縄文フリスビー」が人気イベントとして定着している。

このように市民が自ら企画し、遺跡の知名度を高め、まちづくりにも活かしていこうとのとりくみがあることは、北黄金貝塚にとって非常に幸せなことである。行政だけが旗をふって史跡公園をつくっても活用されなければ意味がない。「黄金の自然と歴史を語る会」といった地元の人びとにも支えられ、縄文まつりは年々盛況となっていった。「市民のための史跡公園」の姿が見えてきた瞬間だった。

縄文の森を復活させる

史跡公園の整備にあたり、有識者による整備検討委員会から縄文時代の植生を復元した「縄文の森」を敷地内につくってはどうかとの意見がだされた。たしかに、縄文前期は落葉広葉樹が生いしげっていたはずなのに、草原が広がる牧草地であっては、縄文時代のイメージがつかみにくい。そこで、史跡の一角を森とすることにしたのだが、これに市民の力を借りようと奮闘したのは大島であった。

当時の一般的な史跡での植樹は、一本一本植える場所を図面で指定し、成木を造園業者が植えるというものである。それを市民参加で少しずつ育てていこうとしたのだ。「縄文スクスク森づくりの会」（木村益巳世話人代表）を立ちあげ、一九九九年五月にはじめての植樹をおこなった。以後、毎年植樹と下草刈り、工作教室、自然観察会などをおこない、史跡公園を豊かな空間に育てる活動を継続している（図58）。今では「林」とよべるほどに成長し、木陰にはエンレイソウやカタクリを植え、湧水近くにはヤチブキやミズバショウといった野草を育てている。

近年は野鳥やリスが訪れるようになり、しだいに縄文時代の雰囲気をとりもどしつつある。

市民参加でもうひとつふれなければならないのが、「オコンシベの会」（佐久間重行世話人代表）である。この会は遺跡のガイドを担当する解説ボランティアの団体で、史跡公園がオープンした二〇〇一年から活動を開始し、約四〇名が所属している。会員それぞれが工夫をこらして解説するのである。

植樹ボランティアにしても解説ボランティアにしても、史跡を活かし、その価値と大切さを人びとに伝えていくために欠かせない存在である。彼らを仲介役として多くの人びとが縄文世界の扉を開けることができるのだ。

このほかにも大島はさまざまなイベントを企画して、縄文文化の普及に努めた。小・中学校に出土遺物をもちこんで解説する出前授業を企画し、

図58 ● **縄文の森**
縄文前期に生育していたカシワ・ミズナラ・トチノキ・マカバなどの落葉広葉樹を植えている。

伊達緑丘高校ではフィールドワークも含めた縄文学習をはじめた。二〇〇一年には全国各地で縄文遺跡によるまちづくりをおこなっている自治体が参加する「縄文シティサミット」の大会も誘致した。

2 市民学としての考古学

活かすために残す

大島がこれほどまでに市民との協働にこだわり、史跡や文化財の活用に精をだすのは、峰山巌の影響が少なからずある。峰山はつぎのような言葉を残している。

「自然環境、歴史環境などの保存運動で、もっとも好ましい在り方は、行政と住民とが一体となった姿であろう。そのためには両者とも陋習《ろうしゅう》を捨て去り、チャリティの概念を共通の基盤として、思い切った発想の転換が必要である。そこから相互間の信頼関係も生まれ、人間が人間らしく生きられる生活環境が保全されるのである」

これは直接には小樽運河の埋立工事に関連して書かれたものだが、北海道内各地の遺跡の保護に尽力した峰山の「活かすために残す」思想がよくあらわれている。

これに加えて大島は「遺跡は研究者のものではなく、市民のものである」ことを公言し、「活用することで遺跡の重要性を市民に伝え、さらなる保存につなげる」との考えをもって行動した。まさに遺跡の保存と活用は車の両輪だとの考えを実践したのだ。

人類への奉仕

峰山は六〇歳をすぎてから、北海道文化財保護協会の事務局長、副会長、顧問となって、北海道内の遺跡の保護に力をつくした。峰山が手がけた遺跡では、洞爺湖町の入江貝塚と高砂貝塚、余市《よいち》町の西崎山《にしざきやま》ストーンサークル、フゴッペ洞窟、小樽市の手宮《てみや》洞窟、そして北黄金貝塚が国・道の指定を受けた史跡として保護されている。

さらに北黄金貝塚は二〇一三年秋に二度目の追加指定を受け、C地点貝塚のある茶呑場台地も国史跡となった。これで峰山と伊達高校郷土研究部員が発掘したすべての貝塚を国史跡にすることができた。

晩年の峰山の言葉に「文化財保護活動は、仕事ではなく人類への奉仕である」との名言がある。これは教員時代に理想としていた新渡戸稲造《にとべいなぞう》の「教育は仕事ではない。神と人類への奉仕である」からヒントをえて、自らのモットーにしたという。

この精神は弟子、さらに孫弟子たちにも受け継がれている。それがつづくかぎり、北黄金貝塚は多くの人びとに愛されつづける遺跡となるだろう。

つぎの世代に引き継ぐ

北黄金貝塚を発見し、そこに秘められた縄文人の知性に光をあてた考古学者峰山巌は、一九九二年九月五日に小樽市で息を引きとった。享年八七であった。

私がその知らせを受けたのは東京杉並のアパートであった。その年の春から大学で考古学を学びはじめた私は、つぎに帰省したときは峰山先生に会おう、と心に決めていた。しかし、考古学研究者として駆けだしどころか、スタートラインにも立っていない自分が会って話をする自信はなく、時間ばかりがすぎていった。

故郷をでると不思議なもので、寄って立つものがない不安感からか、北海道の考古学について調べたくなった。恵山《えさん》式土器、アヨロ遺跡、有珠善光寺《うすぜんこうじ》遺跡、フゴッペ洞窟……、北海道のことを調べるにつけ「峰山巌」の名が目にふれる。小さいころ住んだ小樽市桃内《ももない》の貝塚も、父親に連れられていった手宮洞窟も、みんな峰山の関係した遺跡であることを知った。「会っていろいろな話を聞いてみたい」、そう思っていた矢先の知らせであった。

その後の私の考古学修行には、「峰山巌」がついてまわっている。学生時代から調査に参加していた余市町の大川《おおかわ》遺跡や、伊達市へ就職してから携わった北黄金貝塚、若生貝塚、有珠善光寺遺跡、有珠モシリ遺跡はすべて峰山の調査した遺跡であり、私はそれを追いかけるようにして生きている。生前の話も、故冨美夫人や多くの弟子、教え子のみなさんからうかがう機会があった。そのようなとき、直接ではないものの、峰山巌の人生に少しふれることができた気がして嬉しくなる。

北黄金貝塚は、峰山巌と地主たちが保護し、弟子の大島が整備と活用をして、多くの人に知られる遺跡になってきた。私の仕事はこの遺跡にかかわった人びとの想いを広く伝えることであり、つぎの世代に引き継ぐことだと思っている。

参考文献

青野友哉・小島朋夏　一九九八「北黄金貝塚の水場遺構」『考古学ジャーナル』四三〇、ニューサイエンス社
青野友哉・小島朋夏　一九九九「北海道北黄金貝塚―縄文時代前期の水場の祭祀―」『情報祭祀考古』一三号
青野友哉編　一九九九『ポンマ―縄文後期～近世アイヌ文化期の貝塚と集落―』伊達市教育委員会
青野友哉　二〇〇三「北海道伊達市北黄金2遺跡採集の大木式土器について」『北海道考古学』三九輯
青野友哉　二〇〇七「北黄金貝塚における植生復元と活用」『遺跡学研究』四号、日本遺跡学会
青野友哉　二〇〇八「北黄金貝塚における史跡の教育的活用」『遺跡の教育面に関する活用―平成十八年度遺跡整備・活用研究集会（第1回）報告書―』奈良文化財研究所
青野友哉　二〇〇八「北海道における貝塚文化の消長―縄文時代～近代の生業と祭祀―」『地域と文化の考古学』Ⅱ、明治大学文学部考古学研究室、六一書房
青野友哉　二〇一〇「北黄金貝塚」小林達雄編『世界遺産　縄文遺跡』同成社
青野友哉編　二〇一三『KITAKOGANE』伊達市噴火湾文化研究所
鵜沢和宏　一九九八「北黄金貝塚出土オットセイ骨の解体痕研究」『考古学雑誌』八三巻二号
大島直行　一九八九「北海道出土の貝輪について」『考古学ジャーナル』三一一、ニューサイエンス社
大島直行　一九九二『礼文華貝塚の調査』平成三年度文部省科学研究費補助金（一般研究C）研究成果報告書、札幌医科大学解剖学第二講座
大島直行　一九九六「北海道の古人骨における齲歯頻度の時代的推移」『人類学雑誌』一〇四巻五号
大島直行　二〇〇〇「北海道の水場遺構」『考古学ジャーナル』四五七、ニューサイエンス社
大島直行　二〇〇一「虫歯からみた続縄文人の食生態」『もう一つの日本文化―続縄文の人と文化を考える―』文部省科学研究費（地域連携推進研究）古人骨と動物遺存体に関する総合研究シンポジウム実行委員会
大島直行・青野友哉・小島朋夏　二〇〇一『北黄金貝塚の縄文人たち』伊達市教育委員会
大島直行・福田茂夫　一九九五『北黄金貝塚　国指定史跡北黄金貝塚保存事業に伴う発掘調査報告書Ⅰ』伊達市教育委員会
大島直行・長町章弘　一九九七『北黄金貝塚発掘調査報告書』伊達市教育委員会
大場利夫・竹田輝夫　一九六一「住吉町式土器をめぐる貝殻文土器文化の展開」『民族学研究』二六巻一号、日本民族学協会
河野広道　一九三五「貝塚人骨の謎とアイヌのイオマンテ」『人類学雑誌』五〇巻四号（『河野広道著作集Ⅰ　北方文化論』一九七一、北海道出版企画センター所収）
小島朋夏・青野友哉　一九九八「北海道伊達市若生貝塚出土の貝製品について」『動物考古学』一一号
小島朋夏　一九九九「北海道式石冠の分布とその意義」『北海道考古学』三五輯
鈴木隆雄・峰山　巌・三橋公平　一九八四「北海道入江貝塚出土人骨にみられた異常四肢骨の古病理学的研究」『人類学雑誌』九二巻二号

竹田輝雄　一九五四「北海道の石冠」『若木考古』三三、國學院大學
竹田輝雄　一九五八「北海道上坂台地発見の一石器」『若木考古』五〇、國學院大學
竹田輝雄　一九五九「北海道出土貝殻文土器と絡縄体圧痕文様ある土器の覚書」『ひだか』五
竹田輝雄　一九五九「貝殻文土器文様の要素摘出」『先史時代』八
竹田輝雄　一九七六「中野式土器―胎土に含む撚糸繊維のX線透写の試みから―」『北海道考古学』一二輯、峰山巖先生古希記念号
竹田輝雄　一九八八「名取武光先生に考古学を学んだ頃」『北海道考古学』二四輯、名取武光先生追悼集
竹田輝雄　一九九一「北黄金貝塚」『図説日本の史跡』一、文化庁文化財保護部史跡研究会、同朋舎
竹田輝雄　一九九三『国指定史跡　北黄金貝塚隣接地の試掘調査報告書』伊達市教育委員会
竹田輝雄　一九九四「先史」『伊達市史』ぎょうせい
百々幸雄・石田　肇・鈴木隆雄・大島直行・三橋公平・山口　敏　一九八六「北海道伊達市北黄金遺跡出土の縄文前期の一人骨」『解剖学雑誌』六一巻五〇号
名取武光・峰山　巖　一九五三『伊達町北黄金遺跡の発掘報告』にいやま三
名取武光・峰山　巖　一九五三「貝殻文様のある円筒形土器―伊達町上坂台地円筒貝塚の発見―」『歴史家』二号
名取武光・峰山　巖　一九五四『伊達町北黄金遺跡の発掘調査報告』
名取武光・峰山　巖　一九六三「茶呑場遺跡（付北黄金遺跡群）」『北方文化研究報告』一八輯
噴火湾考古学研究会　二〇〇五『縄文の炎　考古学者峯山巖をたずねて』
三橋公平　一九七二「北海道北黄金貝塚出土人骨略報」『解剖学雑誌』四七巻二三号
三橋公平・峰山　巖　一九七一「北黄金上坂遺跡第一次（昭和四四年）発掘報告」『北海道人類学協会通信』一二
三橋公平・峰山　巖　一九七一「北黄金上坂遺跡第二次（昭和四五年）発掘報告」『北海道人類学協会通信』一二
南川雅男　二〇〇一「食生態からみた縄文・続縄文」『もう一つの日本文化―続縄文の人と文化を考える―』文部省科学研究費（地域連携推進研究）古人骨と動物遺存体に関する総合研究シンポジウム実行委員会
峰山　巖　一九五二『噴火湾沿岸の縄文文化遺跡』北海道伊達高等学校郷土研究部
峰山　巖　一九七二「第一編　先史時代」『新稿伊達町史』上巻、三一書房
峰山　巖　一九七二「第一編　先史時代」『豊浦町史』
峰山　巖　一九七六「追憶―発掘ノートより」『北海道の文化』三六号
峰山　巖　一九七七「縄文人の生活一　貝塚は語る」『大塚薬報』三〇二号
峰山　巖　一九九二『考える葦』
峰山　巖・大島直行他　一九八六『北黄金貝塚　北海道伊達市北黄金遺跡における詳細分布調査の概要報告』伊達市教育委員会
八幡一郎　一九四二「北海道の石冠類」『人類学雑誌』五七巻四号

史跡北黄金貝塚公園

・北海道伊達市北黄金町75
・開園期間　4月1日～11月30日（期間内無休）
・交通　JR黄金駅から道南バスで「北黄金貝塚公園前」下車、徒歩5分。JR伊達紋別駅から室蘭港行きバス約20分「北黄金貝塚公園前」下車、徒歩5分。車で道央自動車道伊達ICから約10キロ。

約14万平方メートルの史跡のうち約10万平方メートルを遺跡の見学・学習の場として公開している。公園のなかにはA'地点貝塚・B地点貝塚を保存した上に現生の貝で貝塚が復元されており、位置と範囲がわかる。また、発掘調査時の状態の「水場の祭祀場」や縄文中期の復元住居、「縄文の森」なども見学することができる。丘の上からは、快晴の日には、噴火湾と駒ケ岳などを一望することができる。

史跡北黄金貝塚公園

北黄金貝塚情報センター

・史跡北黄金貝塚公園内
・電話　0142（24）2122
・開館期間　4月1日～11月30日（期間内無休）
・開館時間　9：00～17：00
・入館料　無料

北黄金貝塚出土の遺物を展示するとともに、貝塚と墓のようすを実物大で復元している。また市民ボランティア「オコンシベの会」による遺跡解説や体験学習も積極的におこなっている。

北黄金貝塚情報センター

刊行にあたって

「遺跡には感動がある」。これが本企画のキーワードです。

あらためていうまでもなく、専門の研究者にとっては遺跡の発掘こそ考古学の基礎をなす基本的な手段です。また、はじめて考古学を学ぶ若い学生や一般の人びとにとって「遺跡は教室」です。

日本考古学では、もうかなり長期間にわたって、発掘・発見ブームが続いています。そして、毎年厖大な数の発掘調査報告書が、主として開発のための事前発掘を担当する埋蔵文化財行政機関や地方自治体などによって刊行されています。そこには専門研究者でさえ完全には把握できないほどの情報や記録が満ちあふれています。しかし、その遺跡の発掘によってどんな学問的成果が得られたのか、その遺跡やそこから出た文化財が古い時代の歴史を知るためにいかなる意義をもつのかなどといった点を、莫大な記述・記録の中から読みとることははなはだ困難です。ましてや、考古学に関心をもつ一般の社会人にとっては、刊行部数が少なく、数があっても高価なその報告書を手にすることすら、ほとんど困難といってよい状況です。

いま日本考古学は過多ともいえる資料と情報量の中で、考古学とはどんな学問か、また遺跡の発掘から何を求め、何を明らかにすべきかといった「哲学」と「指針」が必要な時期にいたっていると認識します。

本企画は「遺跡には感動がある」をキーワードとして、発掘の原点から考古学の本質を問い続ける試みとして、日本考古学が存続する限り、永く継続すべき企画と決意しています。いまや、考古学にすべての人びとの感動を引きつけることが、日本考古学の存立基盤を固めるために、欠かせない努力目標の一つです。必ずや研究者のみならず、多くの市民の共感をいただけるものと信じて疑いません。

監　修　戸沢　充則

編集委員　勅使河原彰　小野　昭
小野　正敏　石川日出志
小澤　毅　佐々木憲一

著者紹介

青野友哉（あおの・ともや）

1972年北海道小樽市生まれ。明治大学文学部史学地理学科卒業。北海道大学大学院文学研究科博士後期課程単位取得退学。博士（文学）。
現在、伊達市噴火湾文化研究所学芸員。

主な著作　『墓の社会的機能の考古学』同成社、「続縄文文化と弥生文化」『講座日本の考古学5　弥生時代（上）』青木書店、「貝塚文化はいつまで続いたか―変容しつつ受け継がれた文化―」『縄文人はどこへいったか？』インテリジェントリンクほか。

写真提供
図4・14・15・16・20・24・27・50・51：伊達市噴火湾文化研究所（撮影：佐藤雅彦）／図19・21・34・47・49：伊達市噴火湾文化研究所（画：羽原哲也）／図26・53・56：伊達市噴火湾文化研究所（撮影：横井　恵）／図41：伊達市噴火湾文化研究所（撮影：露口啓二）
上記以外は伊達市噴火湾文化研究所

図版出典（一部改変）
図2：国土地理院20万分の1地勢図「室蘭」／図5・13：伊達市噴火湾文化研究所2013『KITAKOGANE』／図37：南川雅男1993「アイソトープ分析よりみる食生態と環境適応」『学術月報』46巻12号

シリーズ「遺跡を学ぶ」097
北の自然を生きた縄文人・北黄金《きたこがね》貝塚

2014年 10月15日　第1版第1刷発行

著　者＝青野友哉

発行者＝株式会社　新　泉　社
東京都文京区本郷2－5－12
TEL 03（3815）1662 ／ FAX 03（3815）1422
印刷／三秀舎　製本／榎本製本

ISBN978-4-7877-1337-7　C1021

シリーズ「遺跡を学ぶ」

A5判／96頁／定価各1500円＋税

●第Ⅰ期（全31冊完結・セット函入 46500円＋税）

01 北辺の海の民・モヨロ貝塚 米村 衛
02 天下布武の城・安土城 木戸雅寿
03 古墳時代の地域社会復元・三ツ寺Ⅰ遺跡 若狭 徹
04 原始集落を掘る・尖石遺跡 勅使河原彰
05 世界をリードした磁器窯・肥前窯 大橋康二
06 五千年におよぶムラ・平出遺跡 小林康男
07 豊饒の海の縄文文化・曽畑貝塚 木﨑康弘
08 未盗掘石室の発見・雪野山古墳 佐々木憲一
09 氷河期を生き抜いた狩人・矢出川遺跡 堤 隆
10 描かれた黄泉の世界・王塚古墳 柳沢一男
11 江戸のミクロコスモス・加賀藩江戸屋敷 追川吉生
12 北の黒曜石の道・白滝遺跡群 木村英明
13 古代祭祀とシルクロードの終着地・沖ノ島 弓場紀知
14 黒潮を渡った黒曜石・見高段間遺跡 池谷信之
15 縄文のイエとムラの風景・御所野遺跡 高田和徳
16 鉄剣銘一一五文字の謎に迫る・埼玉古墳群 高橋一夫
17 石にこめた縄文人の祈り・大湯環状列石 秋元信夫
18 土器製塩の島・喜兵衛島製塩遺跡と古墳 近藤義郎
19 縄文の社会構造をのぞく・姥山貝塚 堀越正行
20 大仏造立の都・紫香楽宮 小笠原好彦
21 律令国家の対蝦夷政策・相馬の製鉄遺跡群 飯村 均
22 筑紫政権からヤマト政権へ・豊前石塚山古墳 長嶺正秀
23 弥生実年代と都市論のゆくえ・池上曽根遺跡 秋山浩三
24 最古の王墓・吉武高木遺跡 常松幹雄
25 石槍革命・八風山遺跡群 須藤隆司
26 大和葛城の大古墳群・馬見古墳群 河上邦彦
27 南九州に栄えた縄文文化・上野原遺跡 新東晃一
28 泉北丘陵に広がる須恵器窯・陶邑遺跡群 中村 浩
29 東北古墳研究の原点・会津大塚山古墳 辻 秀人
30 赤城山麓の三万年前のムラ・下触牛伏遺跡 小菅将夫
別01 黒耀石の原産地を探る・鷹山遺跡群 黒耀石体験ミュージアム

●第Ⅱ期（全20冊完結・セット函入 30000円＋税）

31 日本考古学の原点・大森貝塚 加藤 緑
32 斑鳩に眠る二人の貴公子・藤ノ木古墳 前園実知雄
33 聖なる水の祀りと古代王権・天白磐座遺跡 辰巳和弘
34 吉備の弥生大首長墓・楯築弥生墳丘墓 福本 明
35 最初の巨大古墳・箸墓古墳 清水眞一
36 中国山地の縄文文化・帝釈峡遺跡群 河瀬正利
37 縄文文化の起源をさぐる・小瀬ヶ沢・室谷洞窟 小熊博史
38 世界航路へ誘う港市・長崎・平戸 川口洋平
39 武田軍団を支えた甲州金・湯之奥金山 谷口一夫
40 中世瀬戸内の港町・草戸千軒町遺跡 鈴木康之
41 松島湾の縄文カレンダー・里浜貝塚 会田容弘
42 地域考古学の原点・月の輪古墳 近藤義郎・中村常定
43 天下統一の城・大坂城 中村博司
44 東山道の峠の祭祀・神坂峠遺跡 市澤英利
45 霞ヶ浦の縄文景観・陸平貝塚 中村哲也
46 律令体制を支えた地方官衙・弥勒寺遺跡群 田中弘志
47 戦争遺跡の発掘・陸軍前橋飛行場 菊池 実
48 最古の農村・板付遺跡 山崎純男
49 ヤマトの王墓・桜井茶臼山古墳・メスリ山古墳 千賀 久
50 「弥生時代」の発見・弥生町遺跡 石川日出志

●第Ⅲ期（全26冊完結・セット函入 39000円＋税）

51 邪馬台国の候補地・纒向遺跡 石野博信
52 鎮護国家の大伽藍・武蔵国分寺 福田信夫
53 古代出雲の原像をさぐる・加茂岩倉遺跡 田中義昭
54 縄文人を描いた土器・和台遺跡 新井達哉
55 古墳時代のシンボル・仁徳陵古墳 一瀬和夫
56 大友宗麟の戦国都市・豊後府内 玉永光洋・坂本嘉弘
57 東京下町に眠る戦国の城・葛西城 谷口 榮
58 伊勢神宮に仕える皇女・斎宮跡 駒田利治
59 武蔵野に残る旧石器人の足跡・砂川遺跡 野口 淳
60 南国土佐から問う弥生時代像・田村遺跡 出原恵三
61 中世日本最大の貿易都市・博多遺跡群 大庭康時
62 縄文の漆の里・下宅部遺跡 千葉敏朗
63 東国大豪族の威勢・大室古墳群〔群馬〕 前原 豊
64 新しい旧石器研究の出発点・野川遺跡 小田静夫
65 旧石器人の遊動と植民・恩原遺跡群 稲田孝司
66 古代東北統治の拠点・多賀城 進藤秋輝
67 藤原仲麻呂がつくった壮麗な国庁・近江国府 平井美典
68 列島始原の人類に迫る熊本の石器・沈目遺跡 木﨑康弘
69 奈良時代からつづく信濃の村・吉田川西遺跡 原 明芳
70 縄紋文化のはじまり・上黒岩岩陰遺跡 小林謙一
71 国宝土偶「縄文ビーナス」の誕生・棚畑遺跡 鵜飼幸雄
72 鎌倉幕府草創の地・伊豆韮山の中世遺跡群 池谷初恵
73 東日本最大級の埴輪工房・生出塚埴輪窯 高田大輔
74 北の縄文人の祭儀場・キウス周堤墓群 大谷敏三
75 浅間山大噴火の爪痕・天明三年浅間災害遺跡 関 俊明
別02 ビジュアル版旧石器時代ガイドブック 堤 隆

●第Ⅳ期 好評刊行中

76 遠の朝廷・大宰府 杉原敏之
77 よみがえる大王墓・今城塚古墳 森田克行
78 信州の縄文早期の世界・栃原岩陰遺跡 藤森英二
79 葛城の王都・南郷遺跡群 坂 靖・青柳泰介
80 房総の縄文大貝塚・西広貝塚 忍澤成視
81 前期古墳解明への道標・紫金山古墳 阪口英毅
82 古代東国仏教の中心寺院・下野薬師寺 須田 勉
83 北の縄文鉱山・上岩川遺跡群 吉川耕太郎
84 斉明天皇の石湯行宮か・久米官衙遺跡群 橋本雄一
85 奇異荘厳の白鳳寺院・山田寺 箱崎和久
86 京都盆地の縄文世界・北白川遺跡群 千葉 豊
87 北陸の縄文世界・御経塚遺跡 布尾和史
88 東西弥生文化の結節点・朝日遺跡 原田 幹
89 狩猟採集民のコスモロジー・神子柴遺跡 堤 隆
90 銀鉱山王国・石見銀山 遠藤浩巳
91 「倭国乱」と高地性集落論・観音寺山遺跡 若林邦彦
92 奈良大和高原の縄文文化・大川遺跡 松田真一
93 ヤマト政権の一大勢力・佐紀古墳群 今尾文昭
94 筑紫君磐井と「磐井の乱」・岩戸山古墳 柳沢一男
95 東アジアに開かれた古代王宮・難波宮 積山 洋
96 鉄道考古学事始・新橋停車場 斉藤 進
97 北の自然を生きた縄文人・北黄金貝塚 青野友哉
別03 ビジュアル版縄文時代ガイドブック 勅使河原彰
別04 ビジュアル版古墳時代ガイドブック 若狭 徹